法律专家为民说法系列丛书

法律专家

教您如何申请法律援助

张玉国　蔄　丽 编著

吉林文史出版社

图书在版编目（CIP）数据

法律专家教您如何申请法律援助 / 张玉国，蔄丽编著. — 长春 : 吉林文史出版社，2013.9
（法律专家为民说法系列丛书 / 刘岩主编）
ISBN 978-7-5472-1696-5

Ⅰ. ①法… Ⅱ. ①张… ②蔄… Ⅲ. ①法律援助－基本知识－中国 Ⅳ. ①D926

中国版本图书馆 CIP 数据核字(2013)第 222533 号

法律专家教您如何申请法律援助

编　　著　张玉国　蔄　丽
责任编辑　李相梅
责任校对　宋茜茜
丛书主编　刘　岩
封面设计　清　风
美术编辑　李丽薇
出版发行　吉林文史出版社(长春市人民大街 4646 号)
　　　　　全国新华书店经销
印　　刷　三河市祥宏印务有限公司
开　　本　720mm×1000mm　1/16
印　　张　12
字　　数　100 千字
标准书号　ISBN 978-7-5472-1696-5
版　　次　2015 年 7 月第 1 版
印　　次　2018 年 6 月第 3 次
定　　价　35.00 元

法律专家为民说法系列丛书

PREFACE

【前言】

法律援助，是国家设立专门机构，依法为经济困难或特殊案件的当事人减免和提供法律服务的一项法律制度。

我国法律援助制度是1994年开始建立的，近20年来，特别是2003年9月1日国务院颁布的《法律援助条例》实施以来，我国法律援助的覆盖面稳步扩大，法律援助队伍不断发展壮大，法律援助制度进一步建立健全，法律援助事业有了较快的发展，形成了具有中国特色的法律援助制度。

法律援助工作是中国特色社会主义司法制度的重要组成部分，是构建社会主义和谐社会的重要法律措施，也是加强社会主义民主、健全社会主义法制的客观要求。多年来，法律援助工作在各级党委政府的高度重视和社会各界的支持参与下，各级司法行政机关和法律援助机构严格遵循法律面前人人平等的宪法原则，广大法律援助工作者始终秉承“关注民生、扶贫助弱、公平正义、化解矛盾、维护稳定”的法律援助宗旨，办理了大量的法律援助案件，为维护弱势群体的合法权益，维护法律正确实施，维护社会公平正义，维护社会和谐稳定，做出了巨大的贡献。

为了宣传法律援助制度、法律援助工作和在法律援助战线上辛勤工作、忠实地履行职责的广大法律援助工作者，指导广大读者合理运用法律援助资源，维护自身合法权益。编者用了半年时间，从自己经办和同行办理的案件中，精选部分有代表性的典型案例，编写了本书。

本书分为三部分，第一部分为法律援助基本知识，主要介绍了法律援助的概念、特征、意义和法律援助的对象、条件以及如何申请法律援助等基本知识；第二部分是法律援助案例，通过刑事诉讼法律援助、民事诉讼法律援助和非诉讼法律援助三大类案例，分为农民工、老年人、残疾人、未成年人、妇女、其他公民等几类弱势人群，以案例说法的形式介绍了申请法律援助的方法。第三部分为附录，选载了《法律援助条例》《办理法律援助案件程序规定》《关于民事诉讼法律援助工作的规定》和《关于刑事诉讼法律援助工作的规定》等法律法规。

由于编者水平有限，难免有失误之处，敬请广大读者批评指正。

目录

CONTENTS

附　录

第一篇

法律援助的基本知识

一、法律援助的概念

法律援助是指由政府设立的法律援助机构组织法律援助人员，为经济困难或特殊案件的人给予无偿提供法律服务的一项法律保障制度。

特殊案件是指依照《中华人民共和国刑事诉讼法》第三十四条的规定，刑事案件的被告人是盲、聋、哑或者未成年人没有委托辩护人的，或者被告人可能被判处死刑而没有委托辩护人的，应当获得法律援助。

法律援助是一项扶助贫弱、保障社会弱势群体合法权益的社会公益事业，也是我国实践依法治国方略，全面建设小康社会的重要举措。党中央、国务院对法律援助工作十分重视，国家“十五”计划纲要将“建立法律援助体系”确定为“十五”社会发展目标，党的十六大明确提出“积极开展法律援助”，并作为建设社会主义政治文明的重要内容。2003年，《法律援助条例》的颁布实施和“为实现公平和正义法律援助在中国”大型公益活动的开展，标志着我国法律援助工作在广度和深度上有了新的拓展和突破。十年来，法律援助在维护困难群众合法权益、社会管理创新和促进社会和谐稳定中的重要职能作用。

在当前的中国，仍然还有一批由于自然、经济、社会和文化方面的低下状态而难以像正常人那样化解社会问题造成的压力,陷入困境,处于不利社会地位的人群或阶层,这也就是所谓的弱势群体。作为司法制度的重要组成部分,法律援助通过向这些缺乏能力、经济困难的当事人提供法律帮助,使他们能平等地站在法律面前,享受平等的法律保护。法律援助制度是人类法制文明和法律文化发展到一定阶段的必然产物,是国家经济、社会文明进步和法制观念增强的结果。用法律的手段帮助人民群众解决诉讼难的问题,是当前我国建设社会主义法治国家大背景下的必然选择,是促进司法公正的重要保障。

二、法律援助的特征

1.法律援助是国家行为或者是政府行为,由政府设立的法律援助机构组织实施。它体现了国家和政府对公民应尽的义务。

2.法律援助是法律化、制度化的行为,是国家社会保障制度中的重要组成部分。

3.受援对象为经济困难者、残疾者、弱者,或者经人民法院指定的特殊对象。

4.法律援助机构对受援对象减免法律服务费,法院对受援对象减、免案件受理费及其他诉讼费用。

5.法律援助的形式,既包括诉讼法律服务,也包括非诉讼法律服务。主要采取以下形式:刑事辩护和刑事代理;民事、行政诉讼代理;非诉讼法律事务代理;公证证明。

三、法律援助的重要意义

法律援助在政府保障公民合法权益、发展社会公益事业,实现"公民在法律面前人人平等"原则,健全完善社会保障体系,健全社会主义法制,保障人权等方面有着极为重要的作用。其战略意义则主要体现在以下几点:

第一,法律援助是贯彻落实"三个代表"重要思想的具体体现。

第二,法律援助是依法治国得以实现的有力保证。

第三,法律援助有助于夯实党的执政基础,巩固党的执政地位。

第四,法律援助有利于构建社会主义和谐社会

第五,法律援助是实现社会公平正义的内在要求

四、法律援助制度的建立

1855 年,西班牙的第一部民事诉讼法以法律形式对无偿法律援助作出了规定。到上世纪中叶,绝大多数经济发达国家陆续建立和完善了

现代法律援助制度，作为建立完善法制的象征之一，越来越多的发展中国家也先后建立了符合本国国情的法律援助制度。1994年初，时任中华人民共和国司法部部长的肖扬代表司法部提出建立和实施法律援助制度。随之，北京、上海、广州、武汉、郑州等一些大中城市相继开展法律援助工作的试点。1996年3月颁布的《中华人民共和国刑事诉讼法》，首次明确提出了“法律援助”的概念。5月，全国人大通过的《中华人民共和国律师法》，专门用了一章，确立法律援助制度的基本原则、内容和框架。6月，司法部发出《关于建立法律援助机构，迅速开展法律援助工作的通知》全国法律援助工作开始逐步走出试点。10月23日，司法部、民政部下发了《关于保障老年人合法权益，做好老年人法律援助工作的联合通知》；11月5日，司法部、中国残疾人联合会下发了《关于做好残疾人法律援助工作的通知》；11月12日，司法部、共青团中央联合下发《关于保障未成年人合法权益，做好未成年人法律援助工作的通知》；11月19日，司法部与全国妇联下发了《关于保障妇女合法权益，做好妇女法律援助工作的通知》。同年11月，肖扬部长在“全国首届法律援助理论研讨暨经验交流会”上作重要的讲话，讲话不仅高度概括了建立和实施法律援助制度的重要意义，而且又在总结实践经验的基础上，提出了建立我国法律援助制度的基本思路，构筑了我国法律援助制度的基本框架。1996年12月18日，司法部法律援助中心正式成立。之后，各省、市、县相继建立了法律援助机构。1997年5月21日司法部下发《关于开展法律援助工作的通知》，明确了法律援助的定义和机构、对象、范围、形式、程序以及法律援助权利、义务和责任。2003年,我国第一部法律援助专门法规———《中华人民共和国法律援助条例》出台。

五、法律援助中心

法律援助中心是国家拨款设立的专门为需要律师服务但经济困难无力聘请律师的弱势群体及其法律规定必须有律师提供法律帮助而自己又没有聘请律师的特定人员提供无偿法律服务，而设立的一种专门的法律服务机构。

法律援助中心是政府法律援助机构的正式名称,由直辖市、设区的市或者县级人民政府司法行政部门根据需要确定本行政区域的法律援助机构。法律援助中心是由出于人权保护和维护司法公正与平衡的目的而设立。法律援助中心是律师除律师事务所之外的法定执业机构。法律援助机构是负责组织、指导、协调、监督及实施本地区法律援助工作的机构。

律师事务所则是律师的执业机构，均为合伙制、股份制或个人设立,是为社会大众提供有偿法律服务的中介机构。

法律援助中心的律师与律师事务所律师的区别在于:

无论社会律师还是援助中心律师，必须通过全国司法资格统一考试,才能从事律师行业。援助中心律师注册后的律师证件称之为“律师工作证”，而律师事务所律师的注册证件叫“律师执业证”。

法律援助中心律师享受国家工资，专门为法律援助对象提供免费法律服务的。律师事务所的律师是自谋生路，为社会提供有偿法律服务的。法律援助中心的律师不得办理非援助案件，不得向社会提供有偿法律服务，不得向受援助者收取钱物。而律师事务所的律师也可以在援助中心的指派下办理法律援助案件，但不得向受援助者收取钱物。

另外，还有一些社会团体及机关法律援助中心，通常有大学院校设立的法律援助中心、妇联的妇女儿童权益保护法律援助中心、工会设立的法律援助中心，等等，社会公益机构举办的具有公益性质的法律援助中心，这些也是不能收费的。这些社会法律援助中心都是受司法局设立的法律援助中心指导，社会法律援助中心的工作人员由属非律师身份的法律学者、法律专家或其法律工作者组成。

六、法律援助的对象和条件

根据有关规定，我国法律援助的对象是我国公民和符合一定条件的外国公民，即经济困难和特殊案件的当事人。法律援助的条件可分为一般条件和特殊条件。

（一）一般条件：确因经济困难（以当地政府部门规定的最低生活标准为准），无能力或无完全能力支付法律服务费用，并有充分理由证明为保障自己合法权益需要帮助的我国公民,可以申请法律援助。

(二)特殊条件:主要指刑事案件被控一方获得法律援助应具备的特殊情况,主要有以下几种:

(1)盲、聋、哑和未成年人为刑事被告人或犯罪嫌疑人,以及被告人可能被处判死刑而没有委托辩护律师的;

(2)其他残疾人、老年人为刑事被告人或嫌疑人,因经济困难没有能力聘请辩护律师的;

(3)刑事案件中外国籍被告人没有委托辩护人法院指定律师辩护的。

七、法律援助的范围

(一)根据《中华人民共和国法律援助条例》第十条和第十一条的规定,公民有下列事项,没有委托代理人或辩护人的,可以申请法律援助或由人民法院指定辩护:

1.依法请求国家赔偿的。

2.请求给予社会保险待遇或者最低生活保障待遇的。

3.请求发给抚恤金、救济金的。

4.请求给付赡养费、抚养费、扶养费的。

5.请求支付劳动报酬的。

6.主张因见义勇为行为产生的民事权益的。

7.因医疗事故、交通事故、工伤事故造成的人身损害赔偿案件。

8.因家庭暴力、虐待、重婚等，受害人要求离婚及人身损害赔偿案件。

9.犯罪嫌疑人在被侦查机关第一次询问后或者采取强制措施之日起，因经济困难没有聘请律师的。

10.公诉案件中的被害人及其法定代理人或者近亲属，自案件移送审查起诉之日起，因经济困难没有委托诉讼代理人的。

11.自诉案件的自诉人及其法定代理人，自案件被人民法院受理之日起，因经济困难没有委托诉讼代理人的。

12.公诉人出庭公诉的案件，被告人因经济困难或者其他原因没有委托辩护人，人民法院为被告人指定辩护时，法律援助机构应提供法律援助。

13.被告人是盲、聋、哑人或者未成年人而没有委托辩护人的，或者被告人可能被判处死刑而没有委托辩护人的，人民法院为被告人指定辩护时，法律援助机构应当提供法律援助，无须对被告人进行经济状况的审查。

下列案件或事项，法律援助中心不予提供法律援助，包括：

1.因申请人的过错责任侵犯他人的合法权益而引起的民事诉讼或刑事自诉案件。

2.因申请人过错而引起的行政诉讼案件。

3. 申请人提供不出涉讼案件的有关证据而且无法调查取证的案

件。

4.可由行政机关处理而不需通过诉讼程序的事务。

5.案情及法律程序简单,通常无须聘请法律服务人员代理的案件。

6.已竭尽法律救济的案件。

7.申请人提供不出任何证明材料或出具虚假证明骗取法援的。

8.其他经主管机关批准,法律援助中心对外声明不予受理的案件。

(二)各地有不同规定

为了扩大援助范围,在《法律援助条例》之外,各省甚至各地市都根据本省本地实际,分别制定了各自的《法律援助条例》或者《法律援助办法》,对法律援助范围分别作出了不同的规定。

比如吉林省将法律援助范围扩大了四项:一是农民工申请支付劳动报酬或请求工伤赔偿的案件;二是残疾人、老年人、未成年人请求人身损害赔偿的案件;三是涉及虐待、遗弃和暴力干涉婚姻自由的维权案件;四是交通事故、医疗事故、工伤事故、产品质量事故或其他人身伤害事故的受害人请求赔偿的案件。

吉林省延边朝鲜州自治州出台的《延边朝鲜族自治州法律援助条例》则将范围进一步扩大,在该条例第十条中规定,法律援助机构受理以下事项:1.农民工申请支付劳动报酬或者请求工伤赔偿的;2.涉及虐待、遗弃、家庭暴力和暴力干涉婚姻自由维权的;3.涉及老年人赡养的;4.交通事故、医疗事故、工伤事故、产品质量事故或者其他人身伤害事故的受害人请求赔偿的;5.合法劳动权益受到损害的;6.因征地、拆迁使当事人合法权益受到损害的;7.因农民土地承包发生纠纷的;8.因假劣种子、农药、化肥以及环境污染使当事人合法权益受到损害的;9.因实施见义勇为行为致使自身合法权益受到损害的；10.因合法劳务输出发生的民事、劳务等纠纷，符合受案范围的；11.请求国家赔偿的；12.法律法规规定的其他援助事项。

另外，该条例还规定：对有重大社会影响的信访案件当事人，符合受援范围并申请法律援助的，经法律援助机构审查报本级司法行政部门批准后，可提供法律援助。各级司法行政部门可以根据信访个案的具体情况，指令法律援助机构提供法律援助。

所以，当事人在申请法律援助时，要注意参照本地的相关规定。

八、法律援助经济困难标准

法律援助的经济困难标准按照当地人民政府规定的最低生活保障标准执行。设区的市人民政府为扩大受援人范围，一般都根据本地区的实际情况调整公民获得法律援助的经济困难标准。

申请人住所地与受理申请的法律援助机构所在地的经济困难标准不一致的，按照受理申请的法律援助机构所在地的经济困难标准执行。

申请人因遭遇突发性事件造成经济困难的，由法律援助机构根据申请人家庭经济状况审查认定。

下列申请事项不再作经济状况审查：1. 主张因见义勇为或者保护社会公共利益的行为而产生的民事权益的；2. 农民工因请求支付劳动报酬或者因身体受到严重损害请求赔偿的。

申请人持有下列有效证件、证明材料的，无需提交法律援助申请人经济状况证明表，并应当被认定为经济困难：

1.城市居民最低生活保障证或者农村居民最低生活保障证；

2.农村特困户救助证；

3.农村“五保”供养证；

4.人民法院给予申请人司法救助的决定；

5.在社会福利机构中由政府出资供养或者由慈善机构出资供养的证明材料；

6.残疾证及申请人住所地或者经常居住地的村民委员会、居民委员会出具的无固定生活来源的证明材料；

7.依靠政府或者单位给付抚恤金生活的证明材料；

8.因自然灾害等原因导致生活出现暂时困难，正在接受政府临时救济的证明材料；

9.领取设区的市、县（市）总工会发放的特困证的职工；

10.法律、法规及省、自治区、直辖市人民政府规定的能够证明法律援助申请人经济困难的其他证件、证明材料。

九、如何提出法律援助申请

（一）申请人应向哪个法律援助机构提出申请

1.按区域分：

法律援助机构按照国家、省、市、县（区）四级设置，目前大多数省的省、市、县(区)三级法律援助机构已经基本全部建立。法律援助工作网络已经覆盖到乡镇。需要法律援助的公民不仅可以到省、市、县(区)级的法律援助机构申请法律援助，而且可以就近在乡镇司法所法律援助工作站获得相关的法律援助。

2.按管辖权分:

(1)属于人民法院指定辩护和刑事法律援助案件,由法院通知法律援助机构,由法律援助机构负责指定律师担任刑事被告人的辩护人。非指定辩护的刑事诉讼案件和其他诉讼案件的法律援助，由申请人向有管辖权法院所在地的法律援助机构提出申请。

(2)不需经法院解决的非诉讼法律事务,由申请人所在地或工作单位所在地的法律援助中心受理。

(3)两个或两个以上法律援助中心对同一案件均有管辖权的,由最先接受申请的援助中心管辖。

3.按请求事项分:

(1)请求国家赔偿的,向赔偿义务机关所在地的法律援助机构提出申请;

(2)请求给予社会保险待遇、最低生活保障待遇或者请求发给抚恤金、救济金的,向提供社会保险待遇、最低生活保障待遇或者请求发给抚恤金、救济金的义务机关所在地的法律援助机构提出申请;

(3)请求给付赡养费、抚养费、扶养费的,向给付赡养费、抚养费、扶养费的义务人所在地的法律援助机构提出申请;

(4)请求支付劳动报酬的,向支付劳动报酬的义务人所在地的法律援助机构提出申请；

(5)主张因见义勇为行为产生的民事权益的，向被请求人所在地的法律援助机构提出申请。

(二)申请人可以到当地市法律援助中心或各区县法律援助机构直接申请援助，详细地址和电话可在当地司法局网站上查找，也可以通过网上填报法律援助申请表申请援助。

(三)申请人申请法律援助，应当同时提交以下材料：

1.法律援助申请表，并载明以下事项：

(1)申请人的基本情况；

(2)申请法律援助的事实和理由；

(3)申请人的经济状况；

(4)申请人提供的证明、证据材料清单；

(5)申请人保证所提交的证明及证据材料属实的声明。

书写有困难的申请人，可口头提出申请，由接待人员按上述要求记入笔录，申请人签字或捺指印确认。

2.居民身份证、户籍证明或其他有效身份证明；

3.申请人住所地或户籍所在地的乡镇政府、街道办事处或申请人所在单位劳资、人事部门出具的申请人及家庭成员经济状况证明；

4.与所申请法律援助事项相关的证明及证据材料；

5.法律援助机构认为需要提供的其他材料。

申请人为未成年人或无民事行为能力人的，应由其监护人代为申请。代申请人应当提交有代理权资格的证明。

（四）除了人民法院指定的刑事法律援助案件外，法律援助机构应当自收到当事人的法律援助申请书之日起 7 日内进行审查。法律援助机构经审查认为申请人提交的申请材料不齐全或者内容不清楚的，应当发出补充材料通知或者要求申请人作出说明。申请人补充材料、作出说明所需的时间不计入审查期限。申请人未按要求补充材料或者作出说明的，视为撤销申请。经审查认为不符合法律援助条件的，应当作出不予援助的决定，并通知申请人。申请人对不予援助的决定有异议的，可以请求法律援助机构重新审议一次。

对符合条件的当事人，法律援助机构应当作出同意提供法律援助的书面决定，并将决定书及具体承办援助事项的法律服务机构和人员通知受援人，由法律援助承办人员与法律援助机构、受援人三方共同签订“法律援助协议”，明确规定各方的权利义务。

（五）申请人对法律援助机构作出的不符合法律援助条件的通知有异议的，可以向确定该法律援助机构的司法行政部门提出，司法行政部门应当在收到异议之日起 5 个工作日内进行审查，经审查认为申请人符合法律援助条件的，应当以书面形式责令法律援助机构及时对该申请人提供法律援助。

十、法律援助的形式

1.法律咨询、代拟法律文书、提供法律意见。

2.刑事辩护或刑事代理，包括：为刑事案件犯罪嫌疑人提供法律咨询，代理申诉、控告，申请取保候审；为犯罪嫌疑人、被告人担任辩护人；代理自诉案件自诉人、公诉案件被害人或者其近亲属参加诉讼。

3.民事、行政诉讼代理。

4.代理受援人参与调解或和解、仲裁活动。

5.其他非诉讼法律事务代理。

十一、受援人的权利与义务

（一）受援人享有哪些权利

1.可以了解为其提供法律援助活动的进展情况；

2.有事实证明法律援助承办人员未适当履行职责的，可以要求更换承办人；

3.可以申请有利害冲突的法律援助审批人员回避。

（二）受援人应履行的义务

1.如实提供能证明维护自己合法权益的事实和相关材料及足以证明经济困难，确需减、免收法律服务费用的证明材料。

2.遵守法律规定，按法律援助协议的规定和法律援助人员提供必要的合作。

3.受援人因所需援助案件或事项的解决而获得较大利益时，应当按规定的收费标准向法律援助中心支付全部或部分费用。对以欺骗方式获得法律援助的受援人，法律援助机构应当撤销其受援资格，并责令其支付已获得服务的全部费用。

第二篇

申请法律援助实务

第一章 刑事诉讼法律援助案件

1.故意杀人能否获得法律援助?

案例:

2007年10月11日20时许,被告人王某某在自己家中喝酒后看电视,这时,同村村民金某来找他,并向王某某索要其收藏的一个日本油灯,王某某不给。于是金某对其大骂,王某某不服,与金发生争吵并厮打在一起。在厮打中,被告人王某某抓起自家炕上的尖刀,连刺金某的胸部、背部、腹部5刀,致金某当场死亡。事发后,被告人王某某用自家的四轮拖拉机将金某的尸体运至江边的野地里,用柴油焚尸灭迹。第二天,在其家人劝说下,王某某向公安机关投案自首。

由于被告人王某某认为自己的罪行十分严重,而且证据确凿,辩护也不能免于一死,因而未聘请律师为自己辩护。市中级人民法院按有关法律规定指派市法律援助中心为其提供辩护,法律援助中心决定指派有经验的援助律师承办此案。

初步了解案情的承办律师得知，被告人王某某所犯的杀人案不仅有连捅5刀的恶劣情节，而且还有焚尸灭迹的罪后恶行，论罪应当判处死刑，并立即执行。所以，针对此案，承办律师首先研究的是死刑的法律适用，在此基础上找出法定或酌定的从轻处罚的情节。为此，承办律师进行了长达一个多月的调查取证工作，经承办律师调查，被告人王某某在日常生活中为人正直守法，案发后有自首情节，且认罪态度很好。他杀人后，在该村乃至该乡不仅没有产生太大的民愤，还有不少村民拍手称快，认为被告人王某某是"为民除害"，金某早就应该死，死得好。

被害人金某33岁，由于他不务正业，整天游手好闲，一直没有娶到媳妇。他少年时，曾经在河南少林寺学过武艺，加上身强体壮，凭着这一手，他长期横行乡里，用菜刀砍伤过卖西瓜的小贩，用脚踢断过邻居的肋骨，还打伤过镇里的派出所公安人员，另外，他还经常调戏同村的妇女。

在调查中，律师还得知，被告人王某某是在亲友的劝说下投案自首，而不是被公安机关抓获的。王某某自首后，曾经被金某欺压殴打过的几十位村民，联名向公安机关请求为被告人王某某保命。

在完成案件调查工作后，援助律师向法律援助中心有关领导汇报了案件情况，领导立即召集中心相关人员对案件进行讨论和研究。承办律师基于以上调查掌握的大量证据材料，向大家汇报了自己的辩护思路和意见。最后，大家一致认为，本案宜作有罪辩护，但从案件发生的起因、行为过程、作案目的、犯罪后的态度和社会对该案的评判等方面分析，具有法定和酌定的减轻情节，依法予以其减轻处罚。

2008年8月5日，经过艰难的庭审，市中级人民法院作出刑事判决，被告人王某某犯故意杀人罪判处死刑，缓刑2年执行，剥夺政治权利终身。

专家解析：

按照法律规定："公诉人出庭公诉的案件，被告人因经济困难或者其他原因没有委托辩护人的，人民法院可以指定承担法律援助义务的律师为其提供辩护。被告人可能被判处死刑而没有委托辩护人的，人民法院应当指定承担法律援助义务的律师为其提供辩护。"所以本案的法律援助是由人民法院指定的。但如果被告人坚持自己行使辩护权，拒绝人民法院指定的辩护人为其辩护的，人民法院应当准许，并记录在案。

援助律师成功地办理一起在全市有重大影响的故意杀人辩护案，这起刑事案件，因为事实清楚，证据确凿，定性准确，适用法律得当，且程序完全合法，留给辩护人的辩护余地很小，几乎到了无话可说的地步。承办律师没有不顾事实进行硬辩、强辩和狡辩，而是通过认真研究死刑的法律适用条件，从法理和情理中找出法定的和酌定的从轻处罚情节。并从案件的客观事实出发，充分运用法理，发表了有理、有力的辩护意见，被人民法院采信，出色地完成了辩护任务，使被告人被减轻处罚，依法保护了被告人的合法权益。这一典型案例，充分体现了律师的优质法律服务在刑事案件中的重要作用。

2.因家庭暴力杀人可以给予法律援助吗？

案例：

犯罪嫌疑人高某，女，患有小儿麻痹症，被害人（死者）孙某的妻子。

孙某脾气暴躁、不务正业、吃喝嫖赌。2010年起，多次强奸年仅15岁的大女儿小孙。为了摆脱阴影，让孩子们健康成长，高某带着3名子女到外省务工。2011年3月，孙某得知了妻女的下落，追到高某住处，赖着不走，还经常打骂高某，甚至扬言强奸二女儿、杀光妻儿等。孙某到来的4个月，高某肉体上受折磨，精神上趋于崩溃，于是产生了将万恶丈夫孙某杀死，从此一了百了的极端念头。由于腿脚不便，高某在儿子孙甲、小女儿孙乙的帮助下，投毒杀死了孙某。经当地公安局鉴定：死者孙某系头部遭受钝器打击，致严重颅脑损伤致死，肝组织检出毒鼠强成分。2011年8月15日，高某被刑事拘留。8月16日，市法律援助中心收到小孙的求助信，决定由三名援助律师提供法律援助，共同办理此案。

8月19日，援助律师接受指派后马上向市公安局申请会见受援人高某，获批后，于8月25日在侦查人员的陪同下在看守所会见了高某，进一步了解了案情。后市妇联从媒体上得知该案后，主动找到小孙，表示愿意帮助维护其母的合法权益。

为争取有利证据，援助律师走访受援人高某在当地务工的部分同乡，深入了解被害人孙某生前和高某及子女们的家庭生活情况。9月13日，向市公安局提交了孙某母亲张某向村委会口述要求宽大处理高某母子的证明、高某所在地公安局和村委会及包括被害人近亲属等600多名村民联名请求宽大从轻处理高某的求情信等材料。通过小孙联系到孙某之母张某并向其了解对本案的看法和对高某的态度。开庭前一天，援助律师再次会见高某，确认其对起诉书指控犯罪事实的意见，并对其进行了半个小时的心理疏导。

10月23日，该案开庭审理，援助律师发表以下几条辩护意见。被害人孙某长期虐待被告人高某及其子女的家庭暴力行为，是本案发生的重要原因,即被害人存在重大过错。被告人高某是由于长期遭受家庭暴力,并多次受到被害人生命威胁的情况下,出于保护自身及子女的人身安全,迫不得已采取过激行为,将被害人杀害,受虐妇女在长期受暴的情况下,不得已采取“以暴制暴”,其主观恶性和社会危害程度较低,理应从轻判决。被告人高某具有准自首情节,应予以从轻或减轻处罚。被告人高某已得到被害人母亲及亲朋好友的谅解，被害人所在村民委员会、其母亲、高某所在地公安局、600 多名同村村民以及在当地打工的同乡都要求对高某宽大从轻处理。在本案的办理过程中,为争取使受援人从轻处理,援助律师多次与法官沟通,向其表明高某具有准自首情节，还向法庭提交了相关规定以及各地对家庭暴力受害人以暴制暴犯罪行为的量刑有趋轻走向的案例。

合议庭在充分听取控辩双方意见的基础上,于 11 月 15 日作出《刑事判决书》，并于 11 月 20 日依法公开宣判被告人高某犯故意杀人罪，判处有期徒刑 7 年,判处孙甲有期徒刑 2 年、缓刑 2 年,判处孙乙有期徒刑 2 年、缓刑 2 年。10 月 20 日,援助律师在领取判决书后,再次会见高某征询其是否上诉。高某表示服判,不再上诉。

专家解析：

法律规定，犯罪嫌疑人在被侦查机关第一次讯问后或者采取强制措施之日起,因经济困难没有聘请律师的,可以申请法律援助。被告人可能被判处死刑而没有委托辩护人的,人民法院为被告人指定辩护时,法律援助机构应当提供法律援助,无须对被告人进行经济状况的审查。所以,本案中,高某女儿为其申请法律援助是可以批准的,如果她不申请法律援助,法院也将为其指定。

本案属于家庭暴力激化引发的以暴制暴案件，因此被害人的家庭暴力严重程度以及被告人长期受虐的心理状态，是本案认定情节较轻的关键。本案援助律师就是因为抓住要点,才取得了辩护的成功,依法维护了妇女的合法权益。从本案可以看出,预防和制止家庭暴力,仍然任重道远。既需要妇女懂得依法维权,也需要各级妇联组织主动作为、充分履职,需要公、检、法、司等部门张某配合,需要全社会共同支持。建议各有关部门就反家暴和妇女维权要加大普法宣传，进一步优化维权环境;规范行政执法,提高家庭暴力干预实效。

事实上,如果小孙第一次被其父强奸时,及时到公安机关举报,如果高某第一次遭遇家庭暴力,就采取报警处理,如果……,可能就不会有之后发生的案件了,所以加大普法宣传是营造法制环境、建设和谐社会的重中之重。

3.聋哑人盗窃应该给予法律援助吗?

案例:

2009 年 11 月,强某和唐某、杜某三名聋哑人通过互联网视频聊天等方式结识,经谋划,商定组织到外省进行盗窃,两人预谋后,从甲省 A 市开始,连续流窜了十多个城市实施盗窃活动。2010 年 4 月,该团伙的犯罪案件在乙省B市被依法侦破。2010年12月25日,B市人民检察院指控被告人强某和唐某、杜某三名聋哑人在2009年11月至2010年4月间,无视国家法律,以非法占有为目的,采取集中管理的方式组成固定的组织实施共同盗窃,连续作案盗窃41起,盗窃数额总计31200元。

2011年12月16日,市法律援助中心接到人民法院《指定辩护人通知书》后,鉴于案件聋哑被告人的案情复杂、社会影响较大,迅速成立由中心主任总负责的律师辩护工作组,选派3名业务素质高的律师投入辩护工作。

援助期间,市法律援助中心多次组织和召开案件专题讨论会议,对案件认真研讨评析,提出了指导性意见:

其一,由于生理上存在缺陷,聋哑人容易结成团伙作案。从一出生他们就受到他人的歧视,在家庭中不受重视,有些还受到亲人的嫌弃。所以,这些聋哑人一旦受到他人诱惑,就容易背着家人出走。因为这些聋哑人生存能力、自立能力都比较弱,难以找到适合的工作,没有经济收入,在社会中遇到更多的困难和压力,同病相怜,同样的情形促使他们结成团伙,不仅在生活上可以互相帮助,在作案过程中,还可以互相协助。

其二,由于受到的教育少,自身素质低,作案手段比较简单。由于文化程度较低,这些聋哑人的分析能力、辨别是非的能力都比较弱,更容易被他人利用,更容易受到教唆,走上犯罪道路。同时,他们也只能实施简单的犯罪行为。这就决定了聋哑人犯罪手段的单一性,简单性。

其三,无固定收入、固定职业。由于残疾人生理上的缺陷,为残疾人提供生活来源、提供就业机会的单位少之又少。这些原因,使他们在离开住所地以后，不仅难以找到工作，居无定所；就连基本的生活保证都没有。迫于生存压力，再加上自身较低的文化素质，最终导致他们走上犯罪道路。

其四，必须以高度的责任感和敬业精神，集中精力办好此案。涉案人员均为聋哑人，由于语言障碍和自身文化的局限，其在犯罪事实供述上，可能会出现表达不清晰或者不准确的情形，援助律师要在仔细阅卷基础上，认真会见在押被告人，提高会见的质量和效率，准确把握和理清公诉机关指控的犯罪事实，查实案卷证据的真实性、关联性，明确各被告人在犯罪集团中地位、作用和犯罪事实。

在庭审期间，法律援助律师针对3名聋哑被告人虽组成犯罪团伙，但所盗财物多用于生活，犯罪动机相对简单。作案绝大多数发生在公交车等地点，作案手段一般，没有实施特殊的、比较危险的或者具破坏性的犯罪手段，所盗财物大数额较小等事实情节，剖析各被告人犯罪的成因、动机、地位、作用以及实施手段、悔罪表现和认罪态度等，充分发表了刑事辩护意见。2012年3月22日，人民法院采纳了法律援助律师从轻、减轻的辩护意见，对3名聋哑被告人分别作出了3年有期徒刑的判决。

专家解析：

此案作为聋哑人法律援助辩护案件，得到了社会大众的普遍关注，聋哑被告人在短时间内大量作案，造成的社会影响十分恶劣。特别是本案中的受害人，恨得咬牙切齿。但作为公共资源的法律援助中心却为他们的辩护下足了功夫，根本就让受害人无法理解。

按照法律规定：被告人是盲、聋、哑人或者未成年人而没有委托辩护人的，人民法院为被告人指定辩护时，法律援助机构应当提供法律援助。而且，为盲、聋、哑犯罪嫌疑人提供法律援助，体现了尊重和保障人权的法律精神，保障了聋哑犯罪嫌疑人的合法权益。

本案中，援助律师以严谨的工作作风，高超的辩护技巧，紧抓聋哑被告人因自身生理缺陷、文化教育低下、融入社会能力差、缺乏生活保障、更缺少社会情感关爱、容易走上犯罪道路的特点进行辩护，赢得了法庭和社会的普遍共鸣，达成了良好的法律援助效果。律师针对聋哑人在生理和心理具有的特殊性，其对自身犯罪行为会存在不同认识，着重以“宣法、感化、教育、挽救”为主，准确运用《刑法》对聋哑人犯罪量刑的特殊规定，分析各自被告人的犯罪动因和酌情情节，使其得到充分辩护，依法为两名被告争取到从轻、减轻的判决。最终，聋哑被告人得到了法律公平正义的判决，使他们既切实感受到法律的威严，又切身体会到法律的宽仁。

4.精神病人犯罪如何援助？

案例：

宋某，男，30岁，母亲早逝与父亲、爷爷共同生活。25岁时患上精神抑郁症，每年都在脑科医院住上几个月，发病期间跟家里要钱，不给就砸东西，骂父亲、爷爷，有时还打父亲。

2011年8月7日，宋某和爷爷争吵，将房屋的窗户玻璃打破，爷爷对他说要报警。宋某因为害怕就离开了家，他找到朋友花某(22岁)，想让花某给他找地方躲两天，花某同意了。然后，花某对宋某说因为自己在小卖店赊账，开小卖店的老太太多次向家人要账，自己被家人骂了，现在想去抢老太太的钱并要杀了她。宋某答应了花某，说那就去吧。宋某陪花某去买了手套和一把水果刀。到了晚上6点多，两人来到了老太太的小卖店，走到门口，宋某说自己害怕，别抢了。花某说他也害怕，又埋怨宋某不是男人，怎么也得抢，但是不杀老太太。两人进屋后，宋某用刀指着老太太让她把钱拿出来。老太太说他们这么年轻，不要那么做。花某抢过宋某的刀砍了老太太手一刀，宋某让花某进柜台拿钱，花某又将刀给了宋某，自己去取钱。宋某拿着刀威胁着老太太，看见老太太的手出血了，他让老太太拿纸包上，花某拿了钱，宋某怕老太太报警，就拿了老太太的手机，花某让宋某把老太太捆起来堵上嘴。老太太让他们不要这样做，告诉他们用锁头锁上门，她就没有办法报警了。于是宋某拿着锁头和花某走出小卖店，宋某因为紧张没锁门。

两人打车到了乡下一个小镇，找了一家旅店住了一宿。第二天，他俩爬上一座小山，到了山顶，花某说要去自首，宋某让花某去，而自己不去，花某就独自下山了。宋某在山上坐了一上午，下山吃午饭时被警察抓获。经查宋某二人抢得现金2780元，公安机关又委托鉴定机构为宋某做了司法精神医学鉴定，经鉴定宋某在作案时处于精神分裂症残留期，属于限定刑事责任能力。2011年11月24日人民检察院提起了公诉，指控花某、宋某犯有抢劫罪。

因宋某为限制行为能力人，人民法院指定法律援助中心为宋某提供法律援助，法律援助中心指派援助律师为宋某出庭辩护。援助律师接受指派后，会见了被告人宋某，查阅了卷宗材料，又到宋某家进行走访，发现宋某家是低保家庭，宋某的爸爸没有固定收入，靠打零工挣钱，他们所租住的房屋矮小破旧，没有能力支付罚金。

2011年12月18日，人民法院开庭审理了此案，二被告对起诉书所指控的罪名没有异议，对案件的事实供认不讳。援助律师提出四点辩护意见，一是从本案事实和情节看，宋某犯罪情节相对轻微，危害不大。最先提出抢劫意图是花某。被告人在实施抢劫的过程中，曾想放弃，在花某诱导下而进行了抢劫，在抢劫过程中宋某主要是采取了威胁的手段，并没有危及被害人的人身安全，抢劫金额都不大。所以，宋某在本案中作用是次要的，情节较轻微；没有给受害人身心造成较大伤害，社会危害性也不大，主观恶性小，依法应当减轻处罚。二是宋某犯罪时，系限定责任能力人，根据《刑法》第十八条第三款规定，应当从轻或减轻处罚。三是宋某犯罪后认罪态度较好，在被公安机关采取强制措施后，主动诚实交代了自己所犯的罪行，为公安机关的侦破提供了便利。在庭审时，宋某也诚恳交代，认罪服法。《刑法》第六十七条："犯罪嫌疑人虽不具有前两款规定的自首情节，但是如实供述自己罪行的，可以从轻处罚；因如实供述自己罪行，避免特别严重后果发生的，可以减轻处罚。"四是宋某为初犯，无犯罪前科。宋某初中二年级就辍学了，未能接受良好的教育，使得其认知能力及分辨能力较差。宋某与其父亲、八十多岁的爷爷共同生活，宋某家是低保家庭，到处租房住，宋某系限定责任能力人，而其父亲忙于生计，无暇管束宋某，所处社会生活环境较差，加上法律知识的欠缺，受不良环境的影响而走上犯罪的道路，故应酌情从轻处罚。

合议庭在评议时充分考虑了辩护律师的意见，判处宋某有期徒刑3年6个月。

专家解析：

依照《刑事诉讼法》第三十四条第二款规定，“犯罪嫌疑人、被告人是盲、聋、哑人，或者是尚未完全丧失辨认或者控制自己行为能力的精神病人，没有委托辩护人的，人民法院、人民检察院和公安机关应当通知法律援助机构指派律师为其提供辩护。”宋某获得法律援助的原因是没有委托辩护人，人民法院据此通知法律援助中心提供法律援助。

宋某的行为已构成抢劫罪，根据其事先和花某去买作案工具，以及能清楚交代犯罪过程等，可以证明其作案时意识清楚，但司法鉴定证实其属限制刑事责任能力精神病人，其对客观事物的辨识能力较差，行为控制能力低于正常人，对于这类人犯罪的处置，一是不能放纵，要依法承担相应法律责任；二是要依法保障其得到客观公正的法律对待，即保障其辩护权的实现。法律规定为其提供法律援助，以确保其诉讼权利的有效实现。

5.残疾人犯罪是否可以获得法律援助？

案例：

2007年9月22日，二级残疾人孙某（依靠拐杖方能站立和行走）与朋友一起去网吧途中,在一家超市门口与酒后的唐某和俞某相遇。俞某说:“给我个口香糖。”孙某给了他们,俞某又说:“给我们烟!”孙某回答道:“我不抽烟,没有烟。”唐某突然打了孙某头部一拳,孙某当时就倒在地上,拐杖被扔到了一边,唐某和俞某就有脚踢孙某,孙某在地上挣扎着取拐杖。这时唐某伏下身体,一手抓住孙某的衣服,一面用拳殴打孙某,孙某也用手还击,互殴中,孙某摸到了掉在地上的钥匙链,他用挂在钥匙链上的小刀刺伤唐某的胸部,唐某倒在了地上。此时,有人报警,110及时赶到,将唐某和孙某都送到了医院。经法医鉴定,唐某构成重伤,检察机关以孙某犯故意伤害罪提起公诉。

法院接到案件后,主审法官到孙某家送达时发现,孙某父母是来城市务工的外地农民工,孙某为长子,下面有四个正读中、小学的弟、妹,生活十分贫困,没有能力为孙某聘请律师,故法院指派法律援助中心为其提供法律援助。承办律师接受指派后,到看守所会见孙某,查阅了卷宗,并到孙家、案发现场进行了调查,发现孙某不用拐杖只能爬行,个子也不高,被害人的身高却有180厘米,体格健壮,认为公安机关对案件事实的认定有出入,决定按正当防卫为其辩护。

在庭审时,公诉机关建议量刑六年,并赔偿全部损失。律师据理力争,明确指出:被告人孙某根本不认识被害人唐某两人,更不曾招惹他们,孙某先是被索要东西,后又莫名其妙被拳打脚踢,生命健康权受到严重的威胁。而且被害人两人身高均180厘米,孙某不到160厘米,且双腿不能站立,被害人两人体格上的优势、骄横的态度无疑使被告产生了恐惧心理,尤其是又被突然袭击时,精神更是处于极度紧张和恐惧的状态,在心理和生理上他们均处于劣势,不可能对事态作出精确的分析并恰如其分的回击对方。孙某没有了拐杖,不能行走,根本无法逃跑。所以,当被唐某二人踹倒在地殴打时,孙某是为了保护自己而拿水果刀乱抡才刺伤唐某的。本案的发生是由于唐某等人实施了明显的不法侵害,而孙某则被迫进行防卫,所采取的方式和行为完全符合正当防卫的要件,既没有伤害唐某的主观故意,又没有实施故意伤害唐某的行为,不符合故意伤害罪的构成要件。因此孙某的行为纯属正当防卫,应依法不负刑事责任,也不应承担任何民事赔偿责任。

2007年12月13日,人民法院作出刑事判决。判决认为被告人孙某在其人身权利受到唐某、俞某非法侵害时,为保护自己的人身安全而实施的防卫行为明显超过必要限度,造成被害人唐某重伤的结果,其行为已构成故意伤害罪,公诉机关指控的罪名成立,但适用法律不当,应予以纠正。被告人孙某的辩护人提出的部分辩护意见于法有据予以采信。鉴于孙某的行为系防卫过当,判处孙某犯故意伤害罪,处以有期徒刑二年,并向被害人唐某赔偿70%的赔偿款16176元。

专家解析:

司法部法律援助中心在1996年成立之初就与中国残疾人联合会就残疾人法律援助工作联合下了通知,2004年,为进一步切实维护残疾人合法权益,健全为残疾人提供法律援助的工作机制和网络,司法部又和中国残疾人联合会联合下发了《关于为残疾人提供无障碍法律服务和法律援助的通知》,要求进一步加大对残疾人法律援助工作的力度,确保经济困难的残疾人获得无障碍法律援助。通过各种渠道为残疾人提供方便快捷的法律服务和法律援助,消除他们在获得法律服务和法律援助方面面临的经济条件障碍、物质环境障碍、语言障碍和信息障碍，使他们能够及时有效地利用法律武器维护自身合法权益。同时还要求各级司法行政部门和法律援助机构要将残疾人列为重点法律援助对象，在确保根据《刑事诉讼法》《法律援助条例》向盲聋哑人提供刑事辩护法律援助的前提下，对残疾人其他方面法律援助的受援标准，可在当地政府规定的法律援助经济困难标准基础上适当放宽。本案中的孙某作为一个肢体残疾人，因家庭经济困难而无力聘请律师情况，法院按上述规定指派援助律师为其辩护。

另外本案是防卫过当的一个特例，在本案中，被害人只用拳脚对被告进行殴打，而被告人用了刀子将对方刺成重伤，如双方都为正常人，被告人应被判处三年以上十年以下有期徒刑。办案律师以双方体格的巨大差距，被告的身体缺陷为焦点对其进行了辩护，赢得了法官的支持，只判处被告人二年有期徒刑，极大地维护了残疾人的合法权益。

6.未成年人抢劫可以给予法律援助吗？

案例：

被告人张某在市第一中学上学，与王某（已判刑）、李某、孙某（两人另案处理）等三人是好朋友，他们三人均为无业青年，其中一人是张某的小学同学，早已退学，这几人平时无事可做，以打工为生，经常找张某玩耍，有钱了大家就一起吃饭，并上KTV、酒吧去唱歌、喝酒。2006年1

月10日晚10时,四人在网吧玩游戏,王某在上卫生间时,发现在前排上网的被害人高某好像很有钱,而且“样子很狂妄”,有点“欠扁”,就告诉了四人。几个人一商量,决定打高某一顿,找个“乐子”玩。于是,王某带头,四个一起将高某拉到网吧外面,先是打了他两个耳光,又踢了他几脚。高某倒在地上,大哭起来。李某要高某交出身上的钱,孙某将其所有的口袋翻遍,才找出了人民币15元。四人抢钱后,扬长而去,当天用15元钱吃了“麻辣烫”,各自回家。高某当天向公安机关报案。案发后,被告人张某于同年3月2日被公安机关抓获归案。本案由市人民检察院向市人民法院提起公诉。

因张某年仅16岁,属未成年人,人民法院向市法律援助中心发出指定辩护通知书,市法律援助中心接到通知后,指派律师担任被告人张某的辩护人。承办律师通过会见被告人,到公安机关阅卷后,到学校和其家中调查了解,得知:被告人张某为初次犯罪,平时在学校、家里一贯表现良好,成绩较好,但由于少年不懂法,抢劫时并没有意识到这是犯罪,当时只是为了寻求精神刺激。案发后,通过学习,才意识到这是危害他人人身财产安全的严重犯罪,深感后悔。承办律师也见到了被告人张某的父母,张某的父母对儿子是又气又恨,而更多的是为儿子的前途担忧。

针对调查了解的情况,承办律师认为被告人张某主观恶性不深,如果及时教育帮助,是完全可以改好的,根据2006年1月23日开始施行的《最高人民法院关于审理未成年人刑事案件具体适用法律若干问题的解释》第十一条的规定,对未成年犯罪适用刑罚,应当充分考虑是否有利于未成年犯罪的教育和矫正。对未成年犯罪行为的动机和目的、犯罪时的年龄、是否初次犯罪、犯罪后的悔罪表现、个人成长经历和一贯表现等因素。对符合管制、缓刑、单处罚金或者免予刑事处罚。被告人张某的情形,符合该条规定。

开庭审理期间,承办律师提出了根据对未成年人犯罪必须坚持"教育为主,惩罚为铺"的原则,结合被告人张某到案后的悔罪表现及本案的实际情况,提出了请求法院对被告人张某免于刑事处罚的辩护意见:一是案件起因不是被告人张某引起;二是从动机上看,被告人并不想抢劫和打人,只是出于好玩,才没有离开;三是在实施犯罪过程中,被告人张某并没有动手,也没有对被害人造成伤害的后果;四是被告人张某是初犯;五是被告人张某悔罪态度诚恳;六是被告人张某有赔偿损失的诚意;七是被告人张某属未成年人,具有法定从轻情节。

根据承办律师提出的辩护意见,合议庭进行了认真的研究,最后采纳了承办律师的辩护意见,判决被告人张某免予刑事处罚。在宣判那天,被告人张某听到判决后,简直不敢相信自己的耳朵,当确认这是真的时,他泪流满面,向承办律师深深地鞠了一躬,表示一定重新做人,不辜负律师和法官对他的期望。

专家解析:

近年来,未成年人犯罪居高不下,并且向低龄化、团伙化和恶性发展,对社会安定造成了危害。未成年人有其特殊的心理特点,相对于成年人来讲,可塑性较大,也较易改造。未成年人为什么犯罪?因为其无知、无畏!社会太复杂,未成年人却最容易受一些社会负面因素的影响。家长过分宠溺孩子,容易养成其不好的习惯,过分疏离孩子,又无法良好沟通,及时对其进行教育。而一些家庭的解体更容易给孩子的身心带来伤害，有些孩子可能因而憎恨父母，仇视社会，性格向不良方向发展，甚至走上犯罪道路。本案中，就是因为被告人与一些有不良习惯的人交往，才会犯罪的，其本质并不坏。因此，法律援助律师在依法维护受援未成年人合法权益的同时，还要积极对他们进行法制教育，使他们真正认识到自己所犯罪行给他人和社会造成的危害，也使他们切实感受到全社会对他们的关心，促使他们迷途知返，幡然悔悟，走上正途。

当然，这需要家长、学校和社会多方面的努力。家长和老师要正确地引导未成年人学会面对问题，多关心他们的心理健康，多重视他们的心理、性格发展，防患于未然，不要等着问题发生了，才来想办法弥补。法律只是维护权益的一种手段，通常都是在最后才运用的手段。作为法律工作者，援助律师们更希望青少年都活得健康开心，而不是受到侵害或者去侵害别人，甚至不得不面对刑事责任的追究，在铁窗内才幡然醒悟。

7.未成年人放火也提供法律援助吗？

案例：

2008 年 12 月的一个周末，15 岁的初三学生范某因前几天过生日，爷爷给了一百元钱，他就想到网吧玩一会儿游戏。在网吧门口他遇见侯某（22 岁），侯某是范某在网吧玩游戏认识的，所以范某就邀请侯某一起进网吧玩游戏。侯某拉住范某说,2天前,因侯某在网上与张某的女朋友聊天,张某打了他两拳,请范某帮忙一起去打张某。范某因经常和侯某一起玩游戏,出于"江湖义气"就同意了。他俩在网吧没有找到张某,范某就和侯某说,自己有钱可以请他一起上网玩游戏,可侯某说自己知道张某的家,今天一定要教训张某。范某只好跟着侯某找到了张某的家,而张某却和朋友在外面玩,没有在家。侯某看着张某家的房屋突然说:"范某,你去买一桶汽油,我给他放点火。"范某就拿着侯某给的钱到了附近的加油站买了5升汽油,回到张某家将汽油交给侯某。侯某打碎张某家窗户玻璃,将汽油倒入屋内并用打火机点燃后,范某和侯某一起打车逃走。因为当时是晚上8时,邻居听到玻璃破碎声而出门察看,发现张某家起火,就喊人帮忙及时灭火,使这场火灾没有造成人员及太大财产损失,只将张某家的部分室内物品烧毁,一间房屋被熏。经公安机关鉴定,被烧毁物品价值8217元。案件移送至检察机关,检察机关以范某犯放火罪提起公诉。

因范某是未成年人,当地人民法院指定法律援助中心为其提供法律援助。收到法院的通知后,法律援助中心指派援助律师为范某出庭辩护。承办律师接受指派后,会见了被告人范某及父母,查阅了卷宗,并到案发地和被告人所在学校进行了详细了解,也与被害人张某进行协商,取得了一些有利证据,对此案有了一定的认识。

2009年4月,此案在当地人民法院公开审理,援助律师向法庭提出了辩护意见:

一是被告人范某具有法定从轻、减轻情节。根据《中华人民共和国刑法》第十七条规定"已满十六周岁的人犯罪,应当负刑事责任。已满十四周岁不满十六周岁的人,犯故意杀人、故意伤害致人重伤或者死亡、强奸、抢劫、贩卖毒品、放火、爆炸、投毒罪的,应当负刑事责任。已满十四周岁不满十八周岁的人犯罪,应当从轻或者减轻处罚。”被告人范某是未满十六周岁,应减轻处罚。。

二、被告人范某犯罪的主观恶性小,是从犯,应当酌定从轻处罚。在本案开始时,范某因为侯某的请求,只是想去帮侯某打架,没想到侯某因张某不在家而要放火,因其法律意识淡漠,以为只是帮忙买了汽油,不是犯罪,并且在侯某放火时,范某已走出张某家的院子,所以,范某没有放火的主观恶性,除帮助购买汽油外也没有其他任何犯罪行为。

另处范某在侦察、起诉、审理中始终如实供述自己的犯罪行为。根据法律规定,范某的行为属于酌定从宽处罚情节。

范某是初三学生,一贯表现良好,学校及邻居都出具了证明,其家长也支付了 5000 元的赔偿金,并且取得了受害人的谅解书,

对未成年人犯罪实行预防和教育为主的原则,是我国的一贯方针。我国《未成年人保护法》第三十八条规定:“对违法犯罪的未成年人,实行教育、感化、挽救的方针、坚持教育为主、惩罚为辅的原则。”最高人民法院制定的一系列关于未成年人犯罪的司法解释中, 都充分体现了上述精神。可见,对未成年人犯的刑事处罚能轻则轻,能减则减,能免则免,最大限度的降低对未成年人犯限制人身自由的程度,是我国对未成年人犯审判的一项重要原则。鉴于本案被告范某是初犯、从犯,根据我国有关刑事法律政策,应当对其从轻或减轻处罚。

2009 年 12 月,人民法院作出刑事判决。判决认为被告人范某系未成年人,在共同犯罪中系从犯,且积极赔偿了被害人的损失,没有前科

劣迹。判处范某有期徒刑六个月,缓刑一年执行。

专家解析:

根据我国《法律援助条例》第 12 条规定,公诉人出庭公诉的案件,被告人是未成年人,因经济困难或者其他原因没有委托辩护人,人民法院为被告人指定辩护时,法律援助机构应当提供法律援助,无须对被告人进行经济状况的审查。所以本案的法律援助申请是人民法院指定的,而援助中心直接受理没有进行审查是符合上述规定的。

此案发生的社会背景和原因是令人深思的,范某是在网吧认识侯某的,我国法律规定,禁止未成年人进行网吧。为杜绝未成年人进入网吧,文化部、国家工商行政管理总局、教育部和共青团中央等四部委早就联合决定,在全国开展禁止未成年人进入网吧特别行动,严防严查网吧接纳未成年人进入的行为,可是范某却能多次进入网吧玩游戏。据律师了解,范某的许多同学也经常进入此网吧,从没有任何部门过问。范某已是初三学生,对自己行为的法律后果不清楚,不知道帮忙买汽油也是犯罪。当地学校也从未对学生做过法律知识的教育。范某多次在外上网玩游戏,父母却不知晓。家长的疏于管理,放任自流,是未成年人走向犯罪的一个重要原因。所以对于在校未成年人来说,家庭的日常管教和学校经常性的普法教育尤为重要,更要注意防止他们沉迷网络或结交不良青少年。可以这么说,他们的犯罪是我们家庭、我们这个社会的失职。还好,我国的法律对未成年人犯罪有特殊规定,法院本着教育、感化、挽救的方针,坚持教育为主、惩罚为辅的原则,对其处以缓刑,给了范某一个改过自新的机会。可是我们也要认识到如果今后社会和家庭的责任还不到位,那么后果是可以想见的。

8.未成年人犯故意伤害罪可以援助吗?

案例:

2006年7月18日晚上,海某从外地高中放假回家,初中同学刘某约他和几个朋友一起吃饭,饭后几人就到练歌厅去唱歌。唱歌过程中,刘某走出包厢,在走廊上与金某相撞,两人互相争吵了几句就被服务人员给拉开了。刘某回到包厢内就给张某打电话,说金某一会要打他们,请张某来打架。当日23许,张某拿着片刀来了,在歌厅外附近的路上,刘某一伙8人与金某等5人,双方互殴起来,张某先上前用片刀在尹某身上砍了一刀,尹某倒地后,刘某、姜某、海某分别用脚踹尹某。这时警察来了,将刘某等人抓获,后经法医鉴定,尹某胸部刀伤为重伤,面部两侧下颌骨折属于轻伤。

2006年11月29日,公诉机关以被告人张某、刘某、姜某、海某涉嫌故意伤害罪向县人民法院提起公诉。本案中,被告人海某系未成年人,且因家庭贫困其家属未委托律师。县人民法院向县法律援助中心发出了指定辩护通知,县法律援助中心指派某律师事务所的律师担任海某的辩护人。

接受指派后,承办律师非常重视,及时到法院调阅了全部案卷,会见了被取保候审的被告人海某,听取了被告人对案情的陈述,并与被告人的家长进行了沟通，了解到海某读的是重点高中，故承办律师到海某就读的高中学校，详细调查了解当事人的平时表现，取得了学校的证明材料。通过调查了解到的事实，结合相关法律规定，承办律师经认真研究决定为海某做免于刑事处罚辩护。

为确保辩护的成功，承办律师缜密研究了案情、确定了辩护的关键和细节，针对公诉机关可能提出的辩论理由进行了预测、分析和反驳。承办律师还及时与家长进行了沟通，告知律师的辩护观点，得到家长的支持。

2007 年 12 月 25 日，县人民法院不公开审理。公诉人认为张某、刘某、姜某、海某持刀聚众与他人斗殴，致人重伤的行为符合故意伤害罪的构成要件。承办律师首先对公诉机关指控海某犯故意伤害罪不执异议，但对海某有减轻、从轻情节提出三点辩护理由：一、被告人海某具有法定从轻、减轻情节。根据《刑法》第十七条第三款规定，“已满 14 周岁不满 18 周岁的人犯罪，应当从轻或者减轻处罚”，海某犯罪时只有 16 周岁，应当从轻或减轻处罚。二、被告人海某犯罪情节轻微，属于本案的从犯，。海某主观上并无伤害他人的故意。案发前海某是与朋友一起玩，不是故意去打架，并且是在所有人都动手了，海某才动手，他是出于不能不去帮朋友的犯罪动机。在客观上，在此次的共同犯罪中，海某在对被害人的伤害行为，只是在其面部右侧踹了一脚，而其他被告总共踹了 5 脚，可见，海某的行为是从属性的行为，作用小，居于次要地位。另处被告人海某认罪态度较好，有挽救希望，可以从轻或减轻处罚。从卷宗材料和庭审调查可以看出，海某被采取强制措施后能主动交代全部行为，如实供述，不抗拒侦查、审判，积极配合检察机关查清案情，对自己的行为的危害后果有非常深刻的认识和明显的悔恨表现。三、被告人海某是本案中唯一的高中生，现已读高三，据学校证明，他是一个品学兼优，遵守校规校纪的好学生，此次犯罪是初犯。故根据我国对未成年人保护的法律法规和刑事法律政策，应当对海某处以缓刑。

2008年1月15日，人民法院作出刑事判决："鉴于被告人海某系初犯，又系未成年人，并已积极赔偿经济损失，辩护人提出依法免予刑事处罚的理由于法有据，本院予以采纳，判决海某犯故意伤害罪，免予刑事处罚"。而海某也在当年的顺利参加了高考，考上了理想的大学。

专家解析：

我国《律师法》第41条规定："公民在赡养、工伤、刑事诉讼、请求国家赔偿和请求依法抚恤金等方面，需要获得律师帮助，但是，无力支付律师费用的，可以按照国家规定获得法律援助。"该法第42条中又规定："律师必须承担按照国家规定法律援助义务，尽职尽责，为受援人提供法律服务。"律师的法律援助作为我国司法制度，充分说明了我国社会主义民主与法制的完善，也充分体现了我国社会主义制度的优越性。法律援助中心受理援助案件后，可以指派律师事务所的律师为受援人提供法律服务，律师事务所的律师在接待当事人时，发现应当提供法律援助的受援人，也应主动为困难群众提供法律援助。

刑法的精神、刑法的灵魂是以"教育为主、惩罚为辅"，对于未成年人的刑事犯罪更是要体现"教育、感化、挽救"的方针。对于这些偶入歧途的孩子，要教育他们认识错误、改正错误，走好未来之路并对社会有所贡献，才是所有人希望看到的结果。如果只是为了惩罚其错误，很可能将其推出主流社会，甚至毁掉他们的人生，为社会留下隐患，这显然不是刑罚的本意，本案中的海某是幸运的，他受到了法律的关爱，获得了新生。

9.对未成年的孤儿如何援助?

案例：

2008 年 9 月 8 日晚上 8 时许，严某同方某闲逛到某机关办公楼，透过一楼窗户发现里面有电脑，严某就和方某商量深夜来偷。凌晨 1 点多，严某将办公室窗户撬开，二人共盗窃两台电脑主机和一个液晶显示器，当二人将电脑主机和液晶显示器拿到朋友李某承租房后，李某问从哪来的电脑，严某告诉他是从机关楼偷的，李某说也想要。于是严某又领着李某返回机关大楼，将另一办公室窗户撬开，进入室内，盗窃两台联想牌电脑主机和两个液晶显示器及一个键盘、一个鼠标。第二天一大早，严某、李某将两个显示器和一个电脑主机的零件拿到电脑街上卖掉，获赃款 1100 元。9 月 12 日，严某、李某等人被公安机关抓获。经公安机关鉴定严某盗窃的四个电脑主机、三个液晶显示器，价值共计 11231 元人民币。

因严某刚满 16 岁，并且是孤儿没委托律师，人民法院指定法律援助中心为其提供法律援助。法律援助中心指派援助律师为严某出庭辩护。接受指派后，律师及时与法官联系，法官的介绍到，严某是外市人，5

岁时父亲因犯故意杀人罪被判无期徒刑进了监狱，一年后母亲改嫁到韩国，他只好和年迈的爷爷奶奶一起生活。严某10岁时，奶妈患上了脑血栓没力照顾他，只好将他送到了长春孤儿学校，严某只在学校生活了两年多，爷爷奶奶也同时去世。失去家庭的温暖，也失去了约束的严某，因讨厌孤儿学校的严格管理，年仅12岁的严某和14岁孤儿张某一起跑到某县，因为张某的父亲在某县给张某留有一间房屋，严某就和张某在这间房屋里过起了日子。一年前，张某因盗窃罪被判处有期徒刑三年，严某就和李某生活在一起。严某的母亲已多年未有消息，只有一个姑姑也不愿意管严某，所以严某一直在社会上流浪，以乞讨、盗窃、帮人打架为生。

了解到严某的身世后，律师调阅了此案的全部卷宗，并前往看守所会见了严某，发现严某在被抓后，主动向公安机关揭发了一故意伤害案，为了争取有利的证据，律师找到公安机关取得了严某有立功表现的证据。

律师通过调查了解到的事实，结合相关法律规定，在庭审中，提出了三点辩护意见，一是被告人严某具有法定从轻、减轻情节。被告人是未成年人，有立功表现，并且在侦察、起诉、审理中始终如实供述自己的犯罪行为。二是被告人严某犯罪的主观恶性小，有酌定从宽处罚情节。被告人是一名孤儿，从12岁就流落到社会，没有人监管，为了生存，他才盗窃，所获赃款大都用于生活。这些是他犯罪的直接原因。三是根据我国对未成年人保护的法律法规和刑事法律政策，对严某应当从轻或减轻处罚。

2008年12月28日，人民法院作出了刑事判决书，判决认为严某以非法占有为目的，采取秘密手段窃取公私财物，其行为已构成盗窃罪。被告人严某的辩护人关于其是未成年人，有立功表现，本着教育、挽救的原则对其予以从轻、减轻处罚的辩护观点符合法律规定，予以采纳，判决严某有期徒刑八个月。

专家解析：

未成年人作为中国未来发展的希望，其合法权益的保护备受各方关注。我国正努力通过法律机制来实现社会公正，保障弱势群体。《宪法》《中华人民共和国刑事诉讼法》《未成年人保护法法》《预防未成年人刑事犯罪法》《法律援助条例》对未成年人司法保护和法律责任都有规定。刑事法律援助是刑事司法方面国际公认的最低限度人权保障之一，未成年人刑事法律援助是我国刑事法律援助的重要内容。未成年人刑事法律援助可以使弱势群体不但在程序上的合法利益得到保障，而且在实体的合法利益也得到保障，同时也是落实第四次宪法修正案关于“国家尊重和保障人权”重要精神的具体体现。现在随着《法律援助条例》的深入贯彻落实和各级规范性文件的出台，刑事法律援助工作已介入到公安侦查阶段。

本案结束后，严某的辩护律师看到判决书后，心情非常沉重。虽然法院采纳认可了律师的辩护意见，但是严某从他12岁到16岁期间，从母亲及亲属、慈善机构、民政部门到街道社区、公安机关，没有人给过他任何关怀，任他流浪社会。这期间应该有很多机会使他得到应有的帮助而能拥有正常人的生活，可是严某没有得到，这正是使严某为了生存，从偷一把菜，一袋米，发展到今天为了挥霍享乐而盗窃。另外，律师发现近年来所经手未成年犯罪案件中，其年龄日趋降低。不仅给受害人财产造成了巨大的损失，给未成年的家庭带来了毁灭性的打击，还直接影响了社会的进步和经济的发展，是社会的不和谐因素。学校、社会和家庭都应当高度重视和普遍关注未成年犯罪问题，做好未成年犯罪的预防和控制，这也是立法者、司法者以及法律服务机构的律师们所面临的任务，从而使家庭更加幸福、社会更加和谐安定！

10.刑事附带民事诉讼怎么援助？

案例：

2008年8月7日下午1时许，金某与父亲，朋友李某，还有三个员工在自家配货站内，突然从外面进来一个叫郝某的年轻人，郝某问："谁是老板的儿子"。金某说："我是"。结果，郝某二话不说，却从衣服内取出菜刀照金某头部砍去，金某用手一挡，砍在手上，郝某又连续在金某手上砍了两刀，金某转身向后跑，郝某又在金某后背上砍了一刀。之后，郝某又一刀砍在了李某的肩膀上，然后逃跑了。

三天后，郝某被公安机关抓获，郝某交代说，自己并不认识金某。事发当天中午，郝某与表哥一起喝酒时，期间表哥说因为配货业务和金某父亲发生矛盾，金某就在大街上骂他。当时郝某就说，等着我给你出气。郝某和表哥各喝完一瓶白酒，就分手各自回家。郝某回家后想起表哥说的话，就取了家里的菜刀找到金某家的配货站。

金某此次受伤入院治疗了 20 天，支付医药费 18425 元，经公安机关鉴定为重伤害。金某只有 16 岁，母亲早已去世，父亲是一级残疾人，金某的父亲在残联的扶持下，刚开了这家配货站，没想到会发生这种惨案。在县残联的介绍下，金某用轮椅推着父亲，来到了县法律援助中心。经审查，援助中心受理了金某的申请，决定为他提供法律援助，当天指派了援助律师。

援助律师向金某及其父亲进行了详细的询问，又与办案检察官取得了联系，对本案情况进行了深入细致的了解，然后为金某书写了刑事附带民事诉讼起诉状，依法提起了赔偿诉讼。

案件的主要困难在于被告人郝某只有 20 岁，10 年前其母亲离异后独自抚养他，父亲早就没有消息，家庭经济条件非常不好，郝某的母亲明确表示不能赔偿民事损失。援助律师没有气馁，因郝某砍人的行为是为表哥出气，律师认为郝某的表哥及其亲属一定会心怀内疚，应该会为郝某赔偿。就主要做郝某表哥的工作，告知他们赔偿被害人损失是被告人应尽的法律责任，而且民事部分赔偿与否直接关系到被告人的量刑，如积极赔偿并得到受害人谅解，郝某可能会判缓刑。所以，在多次沟通协调后，郝某的表哥及其他亲属表示一定会赔偿相应损失，以祈求受害人家属的谅解。

2008 年 12 月 15 日，人民法院判决：被告人郝某犯故意伤害罪，判处有期徒刑三年，缓刑五年。对于民事赔偿部分，双方庭前达成协议，被告人郝某赔偿附带民事诉讼原告人金某、李某经济损失 3 万元。赔偿钱款已经全部顺利到位。

专家解析：

目前，我国各地法律援助机构对未成年被害人申请法律援助时都给予特殊的待遇。未成年人身心发育尚未成熟和完善,一些人甚至不具备完全行为能力。在这样基本情况下,要他们在诉讼中进行充分的诉讼行为,显然超越了其认识能力和心理承受能力。因而为确保其合法权益不因自身状况而变差,公平的做法只能是确保其委托代理人参诉来维护其合法权益。为确保未成年被害人的身心健康,遇有不出庭的情形时,代理人参诉就更为必要了。鉴于此,未成年被害人申请法律援助的,只要能证明经济困难,援助机构都会提供援助。

附带民事诉讼是一种特殊的诉讼活动,这类案件大多矛盾尖锐,双方当事人情绪比较激愤,各持己见互不相让,调解难度较大。本案援助律师在郝某母亲明确表示不赔偿的情况下,没有放弃努力,终于在庭前调解成功,使赔偿钱款提前到位,避免进入强制执行程序,法院也不必将有限的人力物力投入到执行工作中去,从而提高了法院的整体工作效率,节约诉讼成本,实现审判效果与社会效果的有机统一。刑事附带民事诉讼调解结案,有利地促进了社会和谐稳定,最大限度地实现了法律和社会效果的有机统一。

11.残疾人刑事附带民事诉讼应该援助吗?

案例:

受援人李某,女,19 岁,为某镇汪村村民,因患侏儒症为一级残疾人，母亲在1998年去韩国打工就杳无音信，李某与父亲李某某相依为命。2005年12月21日19时许，李某某在塑料厂门前，因人行路上有积水，而在机车车道上行走，被后面来的皮卡车撞倒，造成李某某当场死亡。经公安机关调查，皮卡车司机洪某是醉酒驾车，故人民检察院以交通肇事罪对洪某提起了公诉。检察院通知李某提出刑事附带民事诉讼时，发现李某正独自生活在破旧的房屋里，指点她可以申请法律援助。

2006年2月24日，李某拿着残疾证及贫困证明来到县法律援助中心。中心经审查认为符合援助条件，决定给予法律援助，指定援助律师为其代理。李某因身高不足1米，没有上学，不识字，援助律师接案后，对案情进行了认真了解，计算了赔偿标准，代她提起了附带民事诉讼。

2006年4月24日，在法院主持的调解中，援助律师精心准备了发言，对法官和被告人慷慨陈词，据理力争。但被告坚持死者李某在此案负有一定责任，不想全额赔偿，援助律师又苦口婆心地讲道理，动之以情，晓之以理，终于使双方达成了和解，被告当场一次性支付给李某死亡赔偿金、生活补助金、丧葬费等现金共计8.5万元。

李某的合法权益得到了法律的保护，法律援助为残疾弱势人员讨回了公道。高兴的李某要宴请援助律师表示感谢，被婉言谢绝，没办法的她请人写了感谢信，还特意将一幅锦旗送到了县法律援助中心，上书“伸张正义求真理、雪中送炭为人民”十个烫金大字。

专家解析：

加强对刑事被害人的权利保护，也已经成为世界各国刑事诉讼程序的发展趋势。本案中的李某原本依靠父亲抚养，现父亲的死亡使李某没有依靠，更不能因经济上的原因使李某在刑事附带民事诉讼中受到不平等的对待，所以法律援助机构应积极提供援助。

交通肇事罪的刑事附带民事赔偿案件中不但计算赔偿金、责任分摊有难度，最难的是执行，法院判决被告人应当赔偿，结果等执行起来，根本就没有钱进行赔偿。鉴于这些症结，援助律师认真了解对方经济实力和受援人的实际情况，积极促成双方达成了和解协议，使被告当场一次性支付现金，使残疾人李某的合法权益得到了保障。

12.交通肇事受伤应该援助吗?

案例：

2011 年 6 月 30 日，妇女王某拄着双拐在邻居的陪同下来到了 C 市法律援助中心，请求法律援助。原来在 2010 年 3 月 26 日晚，王某乘坐李某驾驶的奥拓车，在公路上与相对方向尚某驾驶的出租车正面相撞。造成奥拓车的驾驶人李某、乘车人吴某某当场死亡，乘车人王某、孙某某，出租车驾驶人尚某、乘车人金某、孙某受伤。公安局交通警察大队认定，驾驶人尚某对此事故承担主要责任，驾驶人李某承担次要责任，乘车人王某、孙某某、金某、孙某无责任。

这次车祸造成王某头部外伤，胸腔积液，左侧股骨干骨、胫骨、髁骨、肋骨等多处骨折，致使她不能行走，智力下降。王某已离婚多年，和 6 岁的女儿、78 岁多病的老母亲共同生活，经济十分困难，没有人护理她，王某只好提前出院在家躺着。邻居见她家老的老，小的小，没有人能向肇事方索赔，就扶着她来到了市法律援助中心。

法律援助中心了解案情后，决定特事特办，在交警处理事故的过程中就参与案件，当日受理了此案，并指派援助律师为其代理。接受此案后，因此事故发生在 B 市，王某在事故中昏迷，援助律师首先到 B 市交警队了解案情，才知道出租车的车主张某某是 A 市人，他在事故发生后第二天，就将经营权及财产转移而不知去向，被雇佣的司机 A 市人尚某重伤住院，没有任何个人财产，奥拓车的车主、司机李某死亡也没有财产，而且此事故造成两人死亡，五人重伤，获赔偿的机会很小。王某听到此情况十分伤心，不想再麻烦律师，要放弃索赔。律师耐心地安慰她，只要有一分获赔希望，援助律师也会为她争取。于是援助律师多次到 A 市和 B 市调查，主动找司机尚某的父亲商谈。因王某智力下降，其母亲说话不利索，在检察院两次发回补充侦查时，援助律师又陪同她到交警处进行法医鉴定，代其提起了刑事附带民事诉讼，将尚某、车主张某某、保险公司列为共同被告。

援助律师积极与某市法院的主审法官联系，了解到此事故中死亡的吴某某，受伤的金某、孙某以为不能获赔所以都没有提出刑事附带民事诉讼，放弃了赔偿请求。为此，在开庭前，援助律师建议原告和被告双方进行调解，着重做被告父亲的工作，说服其父亲变卖房屋为尚某赔偿，向原告李家兄妹(李某的继承人)说明李某应承担一半的赔偿费用，并诉说王某的困难，取得了他们的理解和同情。最后经过近两个多月的沟通协商，双方最后终于达成了协议。

法院鉴于双方自愿达成了协议，制作了调解书，李家兄妹得到 12 万元，吴某某得到 1.5 万元，王某得到了 6.5 万元，因王某行动不变，律师提前与尚某的父亲进行了沟通，让他从 A 市带现金到 B 市法院。调解达成当天，王某就拿到了所有的赔偿金。此时，王某脸上露出了久违的笑容，不断向律师道谢，并说有了继续生活的勇气。看到她们一家的笑容，承办律师感到很欣慰。

专家解析：

根据《中华人民共和国刑事诉讼法》及《法律援助条例》的规定，刑事附带民事诉讼的当事人及其法定代理人，因经济困难没有聘请律师或者委托诉讼代理人的，可以向法律援助机构申请法律援助。本案中的刑事附带民事诉讼的原告王某本来就生活困难，在车祸受伤后，又导致行走不良，更是没有经济能力。故市法律援助中心依法为其提供法律援助。

本案是一起两死五伤的重大交通事故，车主在肇事后转移财产，虽然车辆参加了交强险，但只能赔偿 11 万元，按相关法律规定所有受害人全部赔偿需要 80 余万元，在交警、检察机关时，受害人了解情况后，多次要放弃索赔，援助律师能够为受援人考虑，不辞辛苦调查了解，在三个被害人放弃诉讼的情况下，主动找肇事人家属协商，最后使受援人获得足额的赔偿，极大地维护了困难妇女的利益。

13.农民工异地死亡能援助吗？

案例：

2006 年 8 月 4 日，已在甲省 A 县打工两年的乙省 B 县某村村民王某某，因女儿考上了北京大学，要回乡看望家人。于是，王某某乘坐出租车从小镇赶赴县城，当车辆行驶到加洞村2000处，与对面逆行的拖拉机相撞，造成出租车司机张某和王某某当场死亡，拖拉机司机李某和另一名乘客邓某受重伤，两车报废的特大交通事故。后经交通警察大队查明，拖拉机司机为赶送货已36小时未休息，开着车睡着了，而使车辆突然驶上了对方的车道。因此事故责任认定李某承担此次事故的全部责任，出租车司机张某、乘车人王某某、乘车人邓某不承担责任。

2006年8月6日，王某某的女儿王某等8名亲属来到了A县，他们悲痛万分，无法面对这一现实。因肇事拖拉机司机李某只有24岁，没有任何财产，全家都是农民，且购买的车辆尚欠信用社贷款，李某的父母就连最基本的丧葬费也是没有，这就使得王某某的亲属与李某的父母发生了激烈的矛盾，并不愿意处理死者的尸体，交警劝说王某某的亲属到县法律援助中心进行法律咨询，以便更好地维护自身的合法权益。

王某等8人来到了A县法律援助中心，就此交通事故进行咨询，中心工作人员接待并认真听取了王某等人的叙述，告诉王某等人，丧葬费国家有规定，如他们不处理王某某的尸体而产生的高于国家标准的费用得由自己支付。从目前看，肇事司机没有赔偿能力，处理尸体的费用过高对他们不利。另外，工作人员得知，王某某有两个孩子，18岁的王某刚考上大学，儿子上高中，妻子因患有脑血栓而偏瘫，家庭经济情况十分困难，符合法律援助的条件。但因王某等人的户籍是在乙省，A县援助中心无法受理，故告知王某可让其家人在乙省B县向当地的法律援助中心申请法律援助，由当地审查受理。由于路途遥远，加之诉讼时间较长，费用太高，如B县援助中心代理会给受援人和政府增加不必要的支出，根据相关规定乙省B县援助中心可以给甲省A县援助中心发协助请求。王某接受了A县法律援助中心的意见,第二天就将王某某的后事处理好。

2006年8月8日,乙省B县法律援助中心给甲省A县法律援助中心发来法律援助协作函,请求A县法律援助中心给予法律援助协作。A县法援中心接函后及时予以立案，指派援助律师陪同王某等人到交警部门,交警告诉王某他们调查了肇事司机及出租车司机的情况,肇事拖拉机司机和出租车车主均为农民,双方的车辆已报废,出租车主死亡没有财产,肇事拖拉机司机受伤并已被刑拘,另一乘车人邓某受重伤,王某获赔的希望十分渺茫。8月10日,王某来到援助中心,告诉援助律师,自己的学校就要开学了,母亲、弟弟不可能来A县,家里没钱、没人也没有精力来参加刑事附带民事诉讼,她已和家人商量好,放弃刑事附带民事诉讼,只好让爸爸白死了。援助律师向她解释道,刑事附带民事诉讼不需要交纳诉讼费,并且她的法律援助申请已被批准,她及家人可以不用再来A县,由援助律师为她进行诉讼,不到最后时候不要放弃希望。于是,王某就将此案的诉讼权、收款权全权委托给援助律师代理。

2006年12月,援助律师根据案件的发展,向法院提起刑事附带民事诉讼,并积极参与诉讼的全过程,因死伤众多,肇事司机没有办法赔偿损失，此案曾一度陷入困境。援助律师积极配合法官几次与肇事司机、出租车司机的家属、邓某协商,指出出租车司机家属本应赔偿王某家的损失,而邓某条件比较好,王某姐弟急切需要此款求学。并向他们讲述王某的困难和学习的优秀。使肇事者非常受感动,决定借钱来进行赔偿,其他两家也表示先赔偿王某。

经过援助律师的努力,在2007年1月8日达成赔偿协议,王某获赔3.6万元，援助律师又一分不差地将赔偿款全部汇给她。王某根本没有想到能赔偿这么多，而且这么快就得到赔偿，十分感动，在元旦前夜为援助律师发来了真诚的祝福短信。还说她的不少同学也很敬佩援助律师。

专家解析：

农民工作为城市流动人口的重要组成部分，为城市建设作出了重要贡献。然而，农民工却属于城市中的弱势群体，针对农民工外出务工导致的户籍地与侵权行为地相分离的特点，如有的农民工在外地受工伤后往往回到原籍，异地请求赔偿；有的案件结案尚未执行，农民工回到原籍，需要异地申请执行；还有一些需要异地调查取证，异地调取经济状况证明，等等。如果缺乏异地协助机制，往往不能够很好地维护农民工的合法权益。为了解决这一问题，许多县、市、区援助中心纷纷建立了农民工法律援助异地协作机制，异地协作可方便群众异地获得法律援助，引导和帮助当事人依法在事故发生所在地获得法律援助，最大范围地维护农民工的权利。

承办律师在办理这起刑事附带民事诉讼的援助案件中，考虑周密细致，工作扎实，认真负责，使受害人的权益得到最大限度的保障。本案中法律援助机构将法律援助范围延伸外省市，为外省在本地务工人员提供法律援助，具有典型性、代表性。虽然法律援助中心只是为一名受援人办了一件事，但却在大学生中产生了较大的反响，树立了法律援助及司法机构的良好形象，也为外省市的援助机构节省了很多的费用。这种做法值得推广。

14.老人被打伤是否援助?

案例:

一大早,法律援助中心接待室的工作人员刚开门,一位步履蹒跚的老人就走进了法律援助中心的大门,看到律师就大哭起来,工作人员忙让老人坐下,让他慢慢地说。

原来,这位老人姓周,现年79岁,是该县某村的一位无儿无女的孤身老人,独自居住在村边一栋老房子里,老人每天下地种菜,打柴挑水,喝茶下棋,自己过着与世无争的平静生活。然而天有不测风云,一件突发的抢劫、故意伤人案改变了老人的生活。前不久的一个晚上,刚过八点钟,老人已经睡觉了,犯罪嫌疑人安某、侯某、张某三人喝完酒,来到老人家,用力敲门,老人没敢开,三人强行撞门而入,对老人破口大骂。老人忍不住还口,三人大怒,用木棒将老人打至昏死过去,三人还在老人家中四处翻找值钱的东西,共抢走手机一部、现金1000元。抢劫后,三人认识到自己犯了罪,连夜逃往外地。直至半夜1点多钟,老人才从昏迷中清醒过来,跌跌撞撞地找到邻居家,让邻居帮助拨打110报警并拨打120急救车送老人到医院抢救。

经县中心医院诊断为轻型颅脑损伤、右侧颧骨骨折、左侧第六肋骨骨折、左尺骨骨折、右手掌第三掌骨骨折。老人因无钱支付医疗费用,住院的第15天就被迫出院回家治疗，出院时仍不敢下床活动，医生要求老人休息治疗三个月。住院期间共花费住院费4000余元，该事件发生后，老人生活无法自理，只好雇了邻居一位妇女每天为自己料理家务和照料田里的作物。

法网恢恢，疏而不漏。三个月后，犯罪嫌疑人安某、侯某、张某三人被公安机关抓获，在开庭审理此案之前，县人民检察院向老人送达了《委托诉讼代理人告知书》，告知老人有权委托诉讼代理人并有权提起附带民事诉讼。老人接到告知书却犯了难，一个七旬老人又不懂法律，官司可怎么打呀。在村法律援助联络员的指引下，老人向援助中心求助。县法律援助中心经过调查，老人确无固定经济收入，依靠低保生活，生活十分困难，符合援助条件。为维护老年人的合法权益，当即决定给予援助，并指派擅长人身损害案件的援助律师承办此案。

承办律师接受委托后，立即会见了老人并对本案情况进行了深入细致的了解，为老人书写了刑事附带民事起诉状，依法提起了赔偿诉讼。由于距离案发时间已半年有余，老人又无保存证据的意识，很多费用根本没有收据或证明，为取证工作带来相当大的难度。承办律师多次前往公安局、检察院、医院等部门调取相关证据，经过细致的工作，终于掌握了第一手资料，为开庭做出了充分的准备。

庭审过程中，承办律师据理力争地为老人提出赔偿要求，共出示各项证据二十余份，共计四十余页。考虑到三名犯罪嫌疑人均为当地农民，家住农村，没有固定收入，经济较为困难，就是法院判决了，以后执行起来无疑是难上加难。而且三名被告人当庭表示对所犯的罪，深感后悔，同意赔偿受害人的经济损失，可就是无力赔偿。承办律师看在眼里，急在心上，面对这种局面，积极与主审法官进行沟通，力争调解结案。与此同时，承办律师还对被告人及其亲属摆事实、讲道理、说法律，讲述受害人的实际困难，通过反复对被告人及其亲属做思想工作，被告人在强大的法律攻势下，认识到了自身错误，表示要尽自己所能，积极筹措资金进行赔偿。

该案的民事部分经县人民法院调解后，三被告支付老人各项损失共计人民币8000元，并在法庭当场支付。手里紧紧握着8000元钱，老人又一次大哭起来，但这次是喜悦的哭泣，老人边哭边说："感谢政府、感谢党啊！"

专家解析：

刑事附带民事诉讼是指司法机关在刑事诉讼过程中，在解决被告人刑事责任的同时，附带解决因被告人的犯罪行为所造成的物质损失的赔偿问题而进行的诉讼活动。刑事诉讼法第77条规定，被害人由于被告人的犯罪行为而遭受物质损失的，在刑事诉讼过程中，有权提起附带民事诉讼。

针对本案的实际情况，承办律师设身处地的考虑受援人的合法利益如何得到保障，经过不懈努力，圆满完成了代理任务，依法维护了受援人的合法权益，使面临严重困难的当事人增添了生活的信心，承办律师也受到受援人的由衷感谢，法律援助实实在在地惠及了困难群众。

在生活中我们常常碰到这样的问题：老年人当权益受到侵害时，常常"告状无门"，一些社区、村委会、群众团体和司法部门，对老年人反映的事常常推来推去，不认真处理；有些老年人法律意识不强、法律知识贫乏，不知道如何打官司；有的想打官司，又因付不起所需费用而被吓了回去……所有这些，都使老年人的合法权益得不到维护。尽管《老年人权益保障法》对维护老年人权益作了具体的规定，但要得到真正的贯彻落实，还需要继续认真细致地工作。所以，要进一步健全和完善法律援助制度，加强老年人法律服务工作，使老年人能够就地、就近、及时得到优质的法律援助和服务。

第二章 民事诉讼法律援助案件

1.农民工讨薪可以援助吗?

案例:

王某某等46位农民工因为包工头崔某和中铁某公司拖欠工资58万元,多次上访到市有关部门,经市政府组织建设、劳动等部门多次协调,但始终无法解决。情急之下,众位农民工来到中铁某公司门口进行围堵,打着标语横幅,喊着口号,禁止公司任何人员进出,要与公司负责人面谈,严重影响了公司的正常运营和社会的稳定。2013年9月5日,经市政府指派,由市法律援助中心依法为他们提供法律援助。

援助中心接受指派后,指定具有讨薪经验援助律师专门承办此案。承办律师接案后,马上投入工作,进行了大量的调查取证工作和资料整理工作。承办律师了解到:中铁某公司中标的高铁第九标段的桥涵工程全部转包给农民包工头崔某,崔某因管理不善导致亏损,无法支付农民工工资,而中铁某公司却以46名农民工没有与他们形成劳动关系,拒不承担支付责任。调查后,承办人对本案进行了细致研究和分析并确定了办案方案。首先,承办律师代表农民工多次与中铁某公司负责人商谈,但负责人要不然避而不见,要不然就推三阻四。见此情形,承办律师与农民工代表王某某等人商议,决定实施第二套方案:走法律诉讼程序。

9月15日,承包律师代46位农民工向市人民法院提起诉讼,并向法院申请缓交诉讼费,得到许可。法院还特事特办,在10天后就安排了第一次开庭。在庭审时,承办律师依据《国务院办公厅关于切实解决建设领域拖欠工程款问题的通知》及国务院办公厅转发的建设部等部门《关于进一步解决建设领域拖欠工程款问题的意见》"按照谁承包,谁负责的原则,总承包企业对所承包工程的农民工工资支付全面负责,分包企业对分包工程的农民工工资直接负责"的规定,指出中铁某公司作为工程的总承包人,对拖欠的人工费应当负全部责任。另依据《最高人民法院关于审理建设工程施工合同纠纷案件适用法律若干问题的解释》的规定:"实际施工人以发包方为被告主张权利的,人民法院可以追加转包人或者违法分包人为本案的当事人,发包人在欠付工程款范围内对实际施工人承担责任",并提出"崔某是无相关资质的个人,中铁某公司转包行为无效,所欠工资应由被告崔某支付,中铁某公司承担连带支付责任",承办律师的代理意见得到法院的采纳。经过两次庭审,市法院判决被告中铁某公司、崔某连带支付原告王某某等46位农民工工资合计58万元。

判决生效后,46位农民工找中铁某公司要求支付工资,又多次遭推诿和拒绝,眼看春节临近,如果不解决这些农民工工资,势必造成社会不稳定。法律援助中心负责人立即向中铁某公司负责人发出律师函,严肃指出拒不支付农民工工资可能会导致46位农民工再次上访，负责人会面临追究刑事责任的风险。与此同时，援助中心再次指派律师，代46名农民工向法院提出了强制执行申请，承办律师与法院执行局多次到中铁某公司的工地查看设备、到公司和工程主管部门查看账目，准备采取强制措施。见此情形，中铁某公司的负责人采纳了援助中心的意见，与次年1月28日兑现了46位农民工的工资。春节前，这些已经回到家里的农民兄弟都收到自己应得的工资。大年三十，46位农民工每个人都给承办律师发了一个祝福短信，感谢援助律师让他们能渡一个快乐祥和的春节。

专家解析：

农民工这一群体是中国产业工人中人数最大的群体，作为社会、城市建设的主力军，他们的一举一动关系到国家的稳定和社会的和谐，所以欠薪问题不仅是农民工个人的事情，更是关系到社会维稳的民生大事。近年来，维护农民工的合法权益成为社会普遍关注的焦点，各地法律援助中心对于农民工的讨薪案件优先审查、优先办理，放宽经济困难审查标准，简化了审批程序，开辟了农民工法律援助“绿色通道”，极大地缓解了农民工讨薪难题。

目前，农民工是法律援助中受援人数较多的一个特殊群体。他们法律意识淡薄，经济条件不好，一旦自己的权利被侵犯不知道如何维权，也支付不起维权的成本，又因法律意识的淡薄，不懂得签订合同，保存证据，无意中给维权加大了难度。面对这些困难，就需要援助律师凭着精湛的业务素质和高超服务技巧去克服，切实维护农民工的合法权益。

本案中，党委政府极度重视，法律援助中心、人民法院通力协作、协同配合，再加上援助律师的不懈努力，使得农民真正感受到了党和政府的温暖，真正的看到了法律援助撑起的正义蓝天，真正的体现和实现了维护和谐社会。

2.农民工致残法律援助吗？

案例：

2013 年 2 月 6 日，某镇农民肖某某接到同村李某某的电话，说董老板买了一个山场，现需要装车工，问肖某某去不去，肖某某同意了。2 月 8 日，肖某某与李某某一起到了董某的山场，开始在董某的山场上伐木装车。2013 年 3 月 16 日上午，肖某某站在跳板上，在车下向车上装木材时，在旁边的工友赵某放楞失控，木材将跳板砸掉，肖某某从跳板上摔下且被木材砸伤，董某将肖某某送进了医院，支付了所有的医药费。

肖某某出院后，发现自己小便失禁且丧失了性功能，这时妻子也和他提出了离婚。肖某某多次去找董某要求赔偿，可董某说：我和你们是承揽合同关系，我出钱给你治疗就不错了，还要什么赔偿。无奈之下，他想到法院起诉，讨个公道，但经过咨询后，他对高额的诉讼费用和律师代理费犯了愁。走投无路之下，肖某某听说法律援助中心能帮助免费打官司，于是抱着试试看的心理，来到县法律援助中心。县法律援助中心热情的接待了他，了解到肖某某系农民，现已离婚，独自带着 12 岁的儿子生活，现因尿失禁无法打工。工作人员在按规定审查了他的相关材料后决定给予法律援助，并很快办妥了相关手续，指派援助律师为其代理。

律师接受援助任务后，立即着手开展工作，认真收集案件材料，查阅具体法律规定，认为此案属雇佣关系，据此起草了诉状。援助律师到过肖某某家中了解情况，针对肖某某的家庭困难情况，律师主动与法院进行沟通协调，使人民法院为肖某某缓免了诉讼费用，使案件得以顺利立案。

在案件审理中，董某不但聘请了知名律师应诉，又找了许多证人出庭作证，来证明与肖某某是承揽合同关系。律师通过在庭审中仔细质询证人，使证人说出了事实真相，肖某某与董某并非承揽合同关系，对于肖某某的损伤，律师代肖某某提出了做残疾等级司法鉴定，司法鉴定所出具了肖某某的性能力损伤为四级伤残。董某又提出，肖某某的受伤是工友赵某造成的，应当由赵某进行赔偿。律师对此进行了反驳。肖某某、赵某都是董某雇佣的，根据《最高人民法院关于审理人身损害赔偿案件适用法律若干问题的解释》的有关规定，雇员在从事雇佣活动中人身受到损害的，雇主依法应承担相应的赔偿责任，故肖某某的受伤不应由赵某来赔偿。在第四次庭审，援助律师提出，因人身损害赔偿标准有新的规定，因此请求变更诉讼请求。董某提出因肖某某受伤是在春天，应按起诉时的标准进行赔偿，而不应按新标准赔偿。援助律师指出，法律规定，依一审辩论终结时的标准计算，故现在才辩论结束，肖某某有权提出变更诉讼请求。

经过四次艰难的庭审，县人民法院一审判决由董某承担全部责任，赔偿肖某某 55376 元。但董某不服，上诉到中级人民法院，而且又找了四名证人出庭以证明肖某某未受伤前就没有性能力，不是因为此次事故而丧失性能力的。援助律师依据法律规定及事实，当场驳斥了对方。

2013 年 11 月 16 日中院作出终审判决，维持原判。

因董某拒不支付赔偿金，援助律师又及时代理肖某某申请强制执行，得到法院支持，将董某的木材进行了拍卖，使肖某某得到了全部赔偿款。肖某某感激地说，我原来找董某只想要 1 万元赔偿款，他都不给，没想到法律援助会让我获得这么多的赔偿金。

专家解析：

法律援助中心为农民工开辟援助“绿色通道”，积极开展司法救助，无偿代理诉讼，协调法院缓交诉讼费、执行费，有效地维护了农民工的合法权益。所以面对复杂疑难的法律援助案件，法律援助机构和援助律师不仅要有精深的法律专业功底和高超的法律服务技巧，而且要充分运用法律、行政等多种手段，启动法律援助联动机制，确保法律援助案件取得法律效果与社会效果的统一。

重证据、重调查研究是办理法律援助案件的基本要求。本案律师辩护思路准确，抓住案件的核心，通过细致的调查取证工作，在原有证据不利的情况下，运用缜密的分析、确凿的证据，推翻了伪证，揭示了案件的真相。

3.农民工工伤法律援助也管吗？

案例：

霍某是某村农民。2004 年 9 月，彩钢瓦厂与一家冷库签订了维修、加固、安装彩钢瓦工程协议。随后，彩钢瓦厂将自己接到的工程转包给包工头李某，但未与李某签订相关的书面协议。

2004年9月22日，霍某经李某介绍，来到冷库安装彩钢瓦。但在第二天施工中，他因从高处跌落，造成压缩骨折伴截瘫。

霍某住院期间，李某到医院支付了三万余元的医疗费。因为李某是个小包工头，霍某之后的医疗费用，他再无力承担。同年10月12日，霍某回家继续治疗，两个月后又花去医疗费1万多元，此时的霍某不仅瘫痪在床，还欠下大量债务，本来就不富裕的家更是雪上加霜。霍某的亲戚们试着去当地劳动局咨询，得到的回答是："属于工伤，应该由彩钢瓦厂负责。"霍某看到了希望。于是，他们找到了市法律援助中心，援助中心上门向霍某进行了解，并办理援助手续。

援助中心就此案向市劳动和社会保障局提出工伤认定申请，2005年7月，市劳动和社会保障局对霍某做出了《工伤认定决定书》。当月19日《工伤认定决定书》送达彩钢瓦厂，彩钢瓦厂认为霍某的事情与自己没有关系，并拒收《工伤认定决定书》。

无奈的霍某只好于2006年2月，再次委托援助律师申请劳动争议仲裁，把彩钢瓦厂告上了仲裁庭，要求享受工伤待遇。

2006年3月11日，市劳动争议仲裁委员会审理此案。彩钢瓦厂厂长孙某称，该厂与冷库签订协议后将工程转包给李某施工，虽与李某未签订书面协议但约定一切事宜均由李某负责，工程结束后结算工程款。彩钢瓦厂与霍某不存在劳动关系，霍某参与工程施工只能说明他是李某的工人，其在施工中受伤应由李某负责。对于霍某在施工中受伤，彩钢瓦厂表示同情，出于道义可以给予一些资助，但霍某要求该厂给予工伤待遇没有法律依据。

援助律师提出，包工头不具备用工主体资格，无权招用劳动者承揽建设和安装工程。包工头招用劳动者的行为，应视为将工程发包给该包工头的具备用工主体资格的总承包单位的招用行为。也就是说，总承包单位是该劳动者的真正用人单位，所以劳动者工伤后，应由与其存在劳动关系的用人单位承担工伤保险责任。

而本案中，李某是包工头身份，彩钢瓦厂为真正的用人单位并和霍某存在劳动关系，应承担霍某的工伤保险责任。霍某在彩钢瓦厂因工受到二级伤残的事实可以确认，该厂应按《工伤保险条例》等国家规定支付霍某工伤保险待遇的相关费用。

市劳动争议仲裁委员会依法裁决：彩钢瓦厂支付霍某医疗费、一次性伤残补助金等工伤待遇费用 41245 元；支付护理费 11233 元，并自 2006 年 4 月起按月支付生活护理费、伤残津贴，支付停工留薪期间的工资。

但孙某仍不接受裁决，2006 年 4 月，援助律师又代霍某向市法院申请执行裁决。

没想的是，接到执行通知的孙某为逃避责任，立即把工厂“卖”给别人，溜之大吉。

看到“新厂长”并没有什么切实的收购该厂的证据，执行人员看出了问题，当场裁定：查封彩钢瓦厂的厂房设备。在援助律师的强烈要求和参与下，2006 年 11 月，法院决定强制执行，拍卖厂房设备。此时，孙某的姐姐出现了，称自己愿代弟弟承担一部分债务。

经援助律师的两次洽谈，在得到霍某同意后，霍某得到了一次性赔偿 11 万元。

专家解析：

为农民工提供法律援助不需要经济困难证明，而且本案中的霍某瘫痪在床，均属援助范围。法律援助不但可以代理诉讼，申请仲裁、调解、代书都是援助工作内容。

根据现行规定，工伤农民工要获得赔偿，一旦启动维权程序，从工伤认定到诉讼终结，整个程序持续的时间至少在一年以上。“一调一裁二审”劳动争议仲裁和诉讼制度的目的是为了增加解决劳动争议的方式，使劳动争议得到快速处理，是为了维护劳动者的权益。同时，也极大地增加了工伤者索赔的难度，增加了工伤者维护自身合法权益的成本。但是本案中，援助律师以其真心、热心、诚心、恒心的服务，参与了申请工伤认定、仲裁到执行、调解的全过程，有力地保障了农民工的合法权益。

本案中的关键是双方是否存在事实劳动关系，在实践中，有大量的农民工发生工伤后，根本就找不到法律依据要求用人单位来赔偿，因其根本就无法证明与用人单位存在事实劳动关系。证明事实劳动关系是否存在依靠的是证据，而根据“谁主张，谁举证”的证据规则，未和用人单位签订劳动合同的农民工主张双方存在事实劳动关系更是难上加难。

因此，整顿劳动力市场，规范各类劳动关系，不断完善《劳动法》及《劳动合同法》势在必行。对用人单位不与劳动者签订劳动合同的，应当采取措施予以严惩。

4.农民工受伤致残法律援助会帮忙吗？

案例：

2011年11月7日，一位110民警来到了B市法律援助中心，自称替受伤的农民工张某来申请法律援助，因为张某不能行走，故请求援助律师到市医院会见张某。

当天援助律师到市医院会见了张某，了解到在2011年9月3日，36岁的甲省A县人张某和妻子李某一起来到乙省B市务工，被原是某林场的下岗职工唐某雇佣盖自家房屋。天有不测风云，10月13日，张某在上瓦时不慎发生事故，从房屋顶上坠落，雇主唐某当即把他送到市医院。经过检查，确诊沈因“腰椎体爆裂骨折”导致下肢失灵，整个人瘫在床上，生活不能自理。10月28日，张某的妻子突然不告而别，把瘫痪丈夫遗弃在医院。此时，雇主唐某在缴纳完3万多元先期治疗费用后便不再出现，也联系不上。张某在医院只好由护士照顾，同房的病友也经常帮助他。11月6日晚上9点多，张某爬到了卫生间，用毛巾企图自杀，幸被值班护士发现并报了警。110民警知道了张某的事后，就告诉张某可以起诉唐某，可张某不能行走，就委托民警找到了市法律援助中心，希望援助律师能帮助张某索要赔偿。

看到张某如此情形，知道张某有三个孩子，分别是5岁、7岁、9岁，家境非常贫困,法律援助中心决定受理此案,并指派援助律师代理。为此,援助律师一方面多次与雇主协商,另一方面与多家部门联系,通过公安机关和甲省相关部门寻找张某的妻子李某。11 月 16 日,李某领两个兄弟到 B 市,辩称回家照顾三个小孩,对断绝联系一事闭口不提。11 月 17 日援助律师组织李某及亲属、与雇主唐某的爱人调解,李某张口要三十万元。可雇主爱人说,张某摔下刚住院时,医生就说没有治疗的必要,可李某非要手术,并说只要给治疗就不要赔偿,所以专门从省里请医生来给张某手术,仅医药费唐某花了 6 万多元,并且唐某夫妻俩都早已下岗,这是刚挣了点钱修房屋,就发生了这种事,房屋是修不了,钱也没了,所以不能赔偿。就是把唐某弄残疾了也没钱赔偿。因双方分歧太大一直调解到中午 12 时也没有达成协议。

11 月 20 日,律师代理张某到市法院将雇主唐某告到法庭,要求其支付人身损害赔偿五十余万元,并且为其申请了缓交诉讼费用。但是,被告唐某得知消息后躲了起来,法庭传票无法送达。法院组织人员到唐某户籍所在地找了三天也没有找到。眼看开庭无果,李某再次把丈夫张某遗弃在法院走廊不告而别。无奈律师与法院工作人员一起将张某安排到了招待所,管吃管住,还请人照顾张某,同时一面寻找被告唐某,一面寻找张妻李某。三天后,李某自己回到张某身边。

11 月 24 日,办案法官终于找到了唐某。鉴于案件特殊性,法官打破常规,特事特办,当场送达传票,当场进行调解。但由于医疗未终结,无法作出司法鉴定, 缺乏关键证据不能开庭, 法院对该案予以中止审理。律师提出对唐某的财产申请保全,并申请法院查找唐某及其家属在各银行的存款,可此案已发生太长时间,在银行没有查到唐家的任何存款,只保全了唐某有采集权的山场和保险费。闻听此讯,张某急得五内俱焚:马上就要过年了,自己生活不能自理,家里还有三个小孩,拿不到赔偿费,以后怎么生活啊?就在这样的情况下,李某将张某第三次将丈夫遗弃,这一扔就是一个多月。

当张某第三次被妻子当作垃圾一样抛弃时,律师和法官一起将张某安置在了敬老院,同时联系市救助站准备将他送回甲省老家等消息。然而,张某表示不拿到赔偿绝不离开,期间几次情绪失控,意图上吊自杀,都被人发现救了下来。时间距离过年越来越近,为尽快解决此案,在律师的劝说下张某同意先行调解。

然而,被告唐某却不肯再出钱了,他换了电话号码,再次销声匿迹。1 月 20 日,办案法官终于获得线索:唐某现在躲在 C 市父母家。次日,法官带着传票和拘审票顶着大雪驱车赶到 C 市并于当晚将唐某带回 B 市。1 月 21 日晚上六点多,律师代表张某与唐某达成调解协议。由唐某一次性赔偿张某 14.5 万元。1 月 22 日,农历腊月二十九,兔年最后一天。鉴于张某回乡心切,当天下午 3 点律师帮助张某将赔偿款存入银行,并为他和从甲省来接他的妻子、堂兄买好了回家的车票,亲自把他们送上车。这起人身损害赔偿案终于划上了一个圆满的句号。

专家解析:

农民工是我国工业化、城市化进程中出现的特殊群体,近年来备受关注。切实保障农民工的合法权益,引导农村富余劳动力合理有序转移,已经成为当前各级政府高度重视和认真对待的大事。各地法律援助机构将办理农民工法律援助案件作为重点,对申请法律援助的农民工实行“三优先”,即:优先受理、优先审查、优先提供法律援助。

本案是一起典型的农民工依法维权的案件,此案一波三折,一个外地农民来到城市里,并且与一个下岗职工打官司实在是太难了,人地生疏,语言不通,求助无门,一切陷入无奈绝境,但援助律师本着应援尽援的原则,不怕烦琐,尽职尽责,终于为农民工争得了最大的利益,维护了合法权益。

作为一名为城市建设添砖加瓦的农民工来说，他们本身文化水平低,法律意识淡薄,根本不懂得用法律武器维护自己的权益。一旦问题得不到及时解决,很容易发生群体性突发或者过激事件,激化矛盾,甚至由此而引起刑事案件。目前,无偿的法律援助则是他们维护权益的重要途径之一。建议各级政府及相关部门要严格按照《劳动法》、《安全生产法》《保险法》《工伤保险条例》及《劳动合同法》等法律法规的规定,履行法律职能,加强劳动监察,开展打击违法用工行为,对农民工的投诉要及时查处,以保障农民工相关法律法规政策的落实到位,从而保证农民工的合法权益不收侵犯。

5.法律援助会帮助解决赡养纠纷吗?

案例:

2009 年 2 月 2 日,这是春节休假结束后第一天上班,两位老人来到了市法律援助中心。两位老人穿着破旧的冬装,一看就知道是从农村来的。经询问了解到，两位老人名叫李某某、王某，都已年过70，有四个儿子均已成家，2006年老人和四子协商每人每年支付1200元生活费。前两年都给了，2008年只有三儿子给了900元，其他三个儿子都没给，2009年过春节时两位老人和儿子要生活费，儿子都说媳妇不同意给，自己说了不算。原本是喜庆的春节，老人们却在孤独凄凉中度过。没有办法，两位老人只好在大正月里来到法律援助中心请求援助。因为前两年四个儿子都支付了赡养费，为此援助律师分别给几个儿子打了电话，告诉他们赡养老人是法律规定的义务。四个儿子说让老人回家商量一下。可是过了二十多天，老人来电话说儿子还是不给钱，只能上法院了。为此市法律援助中心受理了此案，并指派援助律师代理。

接受此案后，援助律师为李某某、王某代写了民事起诉状，随后又协助其到法院办理了立案手续。为了能在最短的时间内解决老人的生活费问题，援助律师与主办法官进行协商，希望能尽快开庭。法官被律师的真诚所打动，同意在立案后十五日就开庭。

同年3月20日，援助律师在经过充分准备后，出庭参加诉讼活动。在开庭前，律师建议原告和被告双方进行调解，并着重做四被告的思想工作。可在律师向被告宣传相关的法律时，还未等把话说完，两位老人的儿媳们便先向律师说出对老人的种种不满。并且情绪非常激动，认为不管怎么样，老人都不该起诉。通过调解得知，大儿媳妇、二儿媳妇不给老人赡养费的原因是：他们认为老人一直偏心四儿子，将租地的钱给四儿子还债，房子也给四儿子住，等等。四儿子患有癌症，生活困难。知道了矛盾的起因，法官和承办律师对症下药，苦口婆心地解释、劝说道："从人情道理上讲，现在你们也都是父母，哪个孩子有病、贫困，父母都会心痛，老四患了癌症后三十多岁才结婚，所以老人才多给老四一些，这更说明父母是多么爱子女。一家人不可能公平，只能是互相帮助。从法律上讲，子女对老人有赡养的义务。无论老人给不给你们财产，只要把你们扶养大，你们就有义务赡养老人，另外，你们能主动赡养老人也是给自己的孩子做榜样。”老人的儿媳们终于认识到自己应承担的赡养义务，并主动向老人道歉。四儿子也说不能只享受老人的关爱，也尽可能地赡养老人。在法院的主持下，充分考虑四个儿子不同的家庭情况，原、被告达成了赡养协议，长子每年支付给两老人1000元赡养费，并负责两位老人全年的粮食；其余二儿子、三儿子分别每年支付老人1500元赡养费；烧柴则由四儿子负责。此时，李某某、王某的脸上露出了笑容，承办律师也感到很欣慰。在走出法院大门时，李某某、王某的子女对律师提供法律援助帮助他们解决家庭纠纷表示由衷的感谢，并表示一定尽赡养义务，让律师放心。

专家解析：

我国《婚姻法》明确规定，子女对父母有赡养扶助的义务；《中华人民共和国老年人权益保护法》也规定，赡养人应当履行对老年人经济上供养、生活上照料和精神上慰藉的义务。法律援助条例更是将老年人请求赡养费案列入了受援助范围。

赡养老人是中华民族的传统美德，也是法律规定的子女对父母应尽的义务，这种赡养义务，不能因父母与子女之间存在隔阂，或者父母对待子女的所谓公平与不公平而不履行。由于经济条件、受教育程度等诸多因素的影响，农村老年人的赡养问题已经成为越来越严重的社会问题。在本案中，通过法官和律师现场调解，使老夫妻的赡养纠纷得到了圆满解决。

6.法律援助会给瘫痪老人上门服务吗?

案例:

2012 年 5 月 22 日，市法律援助中心接到法律援助工作站的电话，说有一位不能行走的老人因赡养问题经调解后,四个子女反悔,老人赡养的问题没有得到解决。老人想请求法律援助。

原来老人叫崔某,女,68 岁,现住某镇大桥村。崔某与丈夫李某生了五个子女。1985 年李某去世后,崔某改嫁给张某,生了一子张某某。1988 年崔某与张某搬到到了荣村,当时大女儿已 19 岁,大儿子 17 岁,二女儿 15 岁,二儿子 14 岁,三儿子 12 岁,五个孩子不愿意去荣村,兄妹们就一起在大桥村生活。1992 年张某因病去世,而张某某在 1995 年也因意外去世了,这期间大女儿、大儿子、二女儿、二儿子已分别结婚,家都安在大桥村,就三儿子没有结婚。崔某就又回到大桥村与三儿子共同生活。2000 年崔某患上了脑血栓,但生活还能自理。2008 年崔某的大女儿因病去世。2010 年三儿子结婚。这期间崔某的脑血栓多次复发。2011 年 11 月崔某又一次因脑血栓住院,导致语言不清,手脚不好使,瘫痪在床,生活不能自理。四子女协商,轮流赡养崔某,崔某每家住一个月。这样生活了半年,四子女发生了矛盾,互相指责,三儿子动手打了大儿子,二女儿也和二儿子争吵起来,四兄妹互不登门,致使老人生活一直没有着落。老人妹妹只好来到了市法律援助中心为老人请求法律援助。

援助中心了解到老人是低保户，立即同意受理。因老人不能行走，一日一大早，援助律师乘车百里来到了大桥村，上门为老人服务。援助律师看着风烛残年的老人坐在窄小的出租房内，听着言语不清的诉说，暗下决心，一定解决好老人的赡养问题。援助律师先找到老人的三儿子进行询问，又分别与老人的大儿子、二儿子、二女儿通了电话，四子女都不同意调解，都说担心其他人反悔而无法执行，故援助律师当场为老人办理了委托手续，询问了老人对赡养问题的意见，并把所有谈话进行了录音，录下了老人的真实想法。晚上六点多律师才回到了市里。第二天律师为老人代写了民事起诉状，并代其到法院办理了立案手续。

因四子女相互有矛盾，对照顾老人相互推诿，使老人生活非常困难，所以援助律师找到主审法官，请求尽快开庭以解决老人的生活，这个请求取得了法官同意，立案不到一个月就安排了开庭。承办律师在经过充分准备后，出庭参加诉讼活动。在庭审中，承办律师首先晓之以理，动之以情，继续苦口婆心地劝说："从法律上讲，子女对老人有赡养的义务。从人情道理上讲，人都是要老的，你们如果老了，子女不养你们，你们会是什么心情？"通过承办律师做工作，四被告提出不是不赡养，而是每个人都有不同的困难，并且又相互争吵起来。看见这些，律师劝道，你们兄妹因父亲去世，母亲改嫁，从十多岁就一起相依为命共同生活，这种感情非常深厚，而现在却都忘记了对方的好。并将老人哭着说不想给儿女添麻烦的录音放给四子女听，四子女不再互相指责，但在具体承担的费用数额和由谁赡养上存在分歧。针对这一焦点问题，承办律师趁热打铁，在求大同、存小异的原则下，结合崔某3个儿子1个女儿家庭的具体情况，进行了重点调解。首先询问了四名被告的收入，又给四被告仔细计算老人每个月的生活、医疗、护理等费用。又当庭给老人打电话，由老人选择了赡养人，经过律师的努力工作，最后终于达成协议，崔某的小女儿将老人接回家，负责老人的日常生活起居。其他三个子女每月给付老人600元赡养费。

法院鉴于双方自愿达成了协议，当即制作了调解书，双方均在调解书上签了字。在走出法院大门时，崔某的子女对律师提供法律援助帮助他们解决家庭纠纷表示由衷的感谢，并表示一定尽赡养义务，让律师放心。

专家解析：

老年人作为法律援助的重点人群，各地法律援助中心都有相关规定，保证对老年人法律咨询优先接待、涉老案件优先受理和优先承办，对行动不便、需要办理法律援助的高龄老人和残疾行动不便的老人可以提供上门服务，在本案中，崔某因瘫痪不能到援助中心申请法律援助，故由援助律师上门为老人办理法律援助申请和委托手续，使老年人获得了法律援助。

赡养纠纷是发生在家庭成员之间的纠纷，具有可调解的特点。本案中，通过法律途径解决赡养问题，是崔某不得已作出的选择。老人一直说不愿意告四个子女，律师考虑到崔某的四个子女之间的感情基础很好，所以采取了调解的方式，对当事人多做说服教育工作，晓之以理，动之以情，尽量促成当事人达成赡养共识，此举有利于消除家庭成员之间的隔阂，以减少社会不和谐因素，促进农村社会稳定。

7.老年人打工受伤会给援助吗?

案例:

2012年3月20日,夏某雇佣孙某某上山割带清林,并且让孙某某给找一个汽车驾驶员,孙某某介绍了自己的侄子。21日早上6点多,孙某某乘坐夏某所有的,自己侄子开的小货车上山,在一上坡处,因刹车失灵,货车发生溜坡而侧翻,致使孙某某腰部骨折。事故发生后,夏某只支付了医药费。夏某认为自己是给某国营林场干活,孙某某应当向林场要钱,所以拒绝赔偿。

4月初,百般无奈之下,孙某某的儿子找到县法律援助中心。中心接案后,指派律师为其代理。援助中心为其开通了援助"绿色通道",律师在第一时间赶到医院,向孙某某了解案情,并做了大量的调查取证工作,认为此案属雇佣关系,决定无偿代孙某某提起民事诉讼。考虑到孙某某已花费了许多钱,律师申请法院缓交了诉讼费。

在庭审中,夏某提出:一是此割带清林的劳务是从国营林场承包的,出了事故应由林场赔偿;二是孙某某当时就是皮外伤,其骨折是旧伤;三是孙某某已过六十岁了不应有误工费。对此律师提出,一是因为林场与夏某是按面积结算,所以夏某与林场是承揽合同关系,而孙某某是夏某找的,林场并不知道,夏某是孙某某的雇主,夏某应当承当赔偿责任。二是夏某已雇佣孙某某,就说明孙某某有劳动能力,而且在事故发生前一个月被告就雇佣孙某某并支付了工资。三是对孙某某的伤申请司法鉴定。律师当庭为孙某某提出了司法鉴定申请,但是司法鉴定机构提出因时间太久,已不能鉴定是新伤还是旧伤。律师又陪同孙某某到原治疗的医院调取证据。又请夏某及林场领导到医院,共同听取当时主治医生的意见,医生证明了孙某某的伤为新伤,但腰部也有旧伤,在养伤期间孙某某又因肾病住院治疗。综合以上事实,医生建议误工时间为一个月。

经过多次协商,夏某终于同意支付误工费。县人民法院鉴于双方自愿达成了协议,当即制作了调解书,双方均在调解书上签了字。此时,孙某某的脸上露出了笑容,承办律师也感到很欣慰。

专家解析:

老年人是人民的重要组成部分,实现好、维护好、发展好老年人的利益,是全社会义不容辞的职责。这就要求我们突出以人为本的理念,以高度的责任感和使命感,认真解决关系老年人切身利益的问题。为老年人提供法律援助,使老年人学会用法律武器维护自己的合法权益,会打官司,打得起官司,是维护老年人权益的重要方面。从老年人方面讲,也应当注意学法用法,运用法律武器、通过法律程序维护自己的权益。这既是维权的需要,也是提高自身素质的需要。各级法律援助中心都开辟了老年人法律援助绿色通道,凡是老年人来法律援助中心咨询,都优先安排律师解答咨询;凡符合条件的老年人申请法律援助,无论材料是否齐全,都优先受理,另外在司法实践中,老年人因其合法权益受侵害提起诉讼交纳诉讼费确有困难的,可以缓交、减交或者免交。老年人也可以委托法律援助人员向法院提出申请缓交、减交或者免交诉讼费用。

在本案中，无法鉴定和孙某某系老年人这两个事实使其赔偿请求难以得到支持，但是重证据、重调查研究是办理法律援助案件的基本要求。本案律师辩护思路准确，抓住案件的核心，通过细致的调查取证工作，在原有证据不利的情况下，运用缜密的分析、确凿的证据，揭示了案件的真相，使被告认可了孙某某的损失，对孙某某进行了赔偿。

8.老年人债务纠纷能援助吗？

案例：

金某，男，89岁，无儿无女，无生活来源，靠村里给的补助维持生活。2007年10月，乡里成立了具有福利性质的“助老公寓”，为了使老人能安度晚年，从韩国打工回来的侄子给了他4万元钱。并按助老公寓的要求，将这笔钱交给助老公寓作为抵押金，公寓与老人签署了协议，并出具了抵押金收据。按照协议，交纳抵押金后，老人可入住公寓，由助老公寓免费提供老人的吃住及正常服务，直到老人不居住终止协议时，助老公寓将这4万元足额退回。2008年11月中旬，助老公寓却违反协议规定，对金某断水、断电、不供暖、不供伙食，迫使金某无法居住，无法维持正常生活。金某无奈，联合其他受到同样遭遇的五位老人，共同来到市政府。市政府信访局找到乡政府和助老公寓组织进行了一次调解，但助老公寓却坚决不妥协。没有办法,只好将他们领到市法律援助中心请求法律援助。

援助律师热情地接待了他们，原来助老公寓是一家民办且带有福利性质的养老院,乡政府每年注入一定数额的资金,初期经营得很好,后来,助老公寓自主投资上马了一些工程和项目,导致资金周转困难,便向社会广泛宣传,招揽老人入住自助村,承诺免费吃住,但入住自助村需要交4万元抵押金，待老人不住或者辞世后，这笔抵押金如数返还。无儿无女的金某得到侄子的资助,交付4万元抵押金来到助老公寓居住。入住后,助老公寓初始对老人履行承诺,虽然饭菜不尽可口,但衣食无缺,后来又有一些老人陆续入住。到2008年10月,由于助老公寓兴建的一些项目均未受益,且欠了很多外债,经济负担过重难以维持,便要求这些老人每月按正常入住标准再缴纳费用,老人们均表示不满。助老公寓便开始断电、断水、不供暖、不供伙食,使老人们无法在此继续居住。

听了老人们的诉说,市法律援助中心当即决定受理此案,指派援助律师为金某等5位老人提供法律援助。承办律师接案后,立即着手诉前的准备工作,收集诉讼证据,并根据老人们现在暂时没有居住地点、天气日渐寒冷、生活困难的实际情况,与市民政局、老龄委及老人们的相关亲属多方联系,逐一妥善地安置了老人们的生活,避免老人们身心受到更大伤害。与此同时,承办律师还与市人民法院联系,从立案,送达到开庭时间的确定均特事特办,并且全部免收老人们的诉讼费及相关费用。

2009年1月,此案在市人民法院开庭审理。由于庭前准备的诉讼证据翔实、准确,案件审理的十分顺利,助老公寓的代表人听到承办律师对法律法规的讲解,当场表示愿意承担全部法律责任,并请求调解。在法庭的主持下,双方当事人当庭达成协议,由助老公寓于 2009 年 5 月前将金某的 4 万元抵押金如数返还,其他 4 位老人也与助老公寓达成协议,抵押金如数返还。

专家解析:

由于老年人中的绝大部分人已经脱离了原来的工作岗位,组织比较松散,加上不少老年人法律观念又比较淡薄,自我保护意识和能力相对较弱,他们的合法权益比较容易受到侵害。这就要求全社会都来关心老年人,伸出援助之手,共同维护老年人的合法权益。要健全和完善法律援助制度,加强老年人法律服务工作,使老年人能够就地、就近、及时得到优质的法律援助和服务。

可喜的是,目前,无论是在各地的法律援助中心,还是在法律援助工作站,都开辟了老年人法律援助绿色通道。凡是老年人来法律援助中心咨询,都优先安排律师解答咨询;凡符合条件的老年人申请法律援助,无论材料是否齐全都优先受理;对老年人的法律援助案件,法援部门都优先指派熟悉老年人权益保护法律法规、并具有良好职业道德的律师办理。有的地区,还在流动人口多、老年人聚集的社区、老年活动室等地方悬挂法律援助指示牌,公示法律援助的范围、申请程序、办公地址、咨询电话,使广大老年人能及时便捷地得到法律援助帮助。

此案虽然是一起简单的民事案件,但由于涉及到的均是年逾古稀的老年人,又时值寒冬将至,老人们无处安身,到处告状,社会影响很大。承办律师的成功代理,维护了几位老人的合法权益,抚慰了他们受伤的心,使他们感受到了社会对孤寡老人的关爱。

9.遭受家庭暴力想离婚也援助吗?

案例:

2011年底,妇联的反家庭暴力维权中心的工作人员陪同一位妇人来到法律援助中心。工作人员介绍此人叫李某,已经52岁,昨天是儿子结婚的大喜日子,今天来要求离婚。因法律援助中心是反家庭暴力维权中心的成员,妇联认为此案是典型家庭暴力案件,所以请求法律援助中心受理。经审查符合援助条件,法律援助中心受理了此案,并指派律师为其代理。

原来李某与其丈夫张某是1985年3月经人介绍相识的,于同年7月举办了婚礼,并办理了结婚证。由于李某是山东人,婚前与张某并不认识,是由老乡介绍到东北与张某结婚,对张某并不了解。婚后张某常因琐事对李某拳脚相加,李某因娘家在外地,身边没有亲人且户口已转到张某所在村,就忍气吞声。1987年11月李某生下一子,本以为丈夫看在儿子的面上不再动手,可张某变本加厉。1988年3月,张某在外喝了酒,回到家里不由分说对李某就是一顿毒打,造成李某肋骨骨折,李某实在无法忍受这种暴行,带着年幼的儿子当晚离家出走,可是又被强行拉回。李某多次想到轻生,但是为了儿子,只好继续忍耐。李某在这近三十年中经常遭受张某的无理殴打。2009年最严重的一次,李某左腿被打成骨折。乡妇联及村领导也多次批评过张某,可张某只好几天就又动手了。现在儿子终于结婚了,李某办完喜事就找到妇联要求离婚,

鉴于李某遭受的伤害程度大、时间长等因素,加之其夫妻俩人都是文盲和法盲,李某也不要求追究张某的刑事责任,援助律师为其代写了诉状并到法院代理立案。援助律师与妇联的人一起到村里调查,收集了村委会、李某邻居等几十份证据,又找到张某进行细致劝说,张某终于同意协商离婚。法庭上,在律师与法官的教育下,张某对自己的行为终于有所悔悟,认识到妻子不是自己的附属物,夫妻之间地位平等,应相互尊重、体贴,并接受离婚。最后,在法院主持下调解离婚,夫妻双方都比较满意。

专家解析:

当前家庭暴力已是一个不容忽视的世界性社会问题。家庭暴力的主要受害者是妇女、儿童和老人,而其中又以妇女的受害程度最为严重。家庭暴力给家庭成员、特别是妇女的身心健康造成了极大的伤害。根据《中华人民共和国婚姻法》《妇女权益保障法》和最高人民检察院、公安部、民政部、司法部、卫生部、全国妇联等七部委联合制定的《关于预防和制止家庭暴力的若干意见》,以及最高人民法院中国应用法学研究所发布的《涉及家庭暴力婚姻案件审理指南》等相关规定,家庭暴力的受害者有如下维权途径:

1.遭受家庭暴力的妇女有权提出请求,居民委员会、村民委员会以及所在单位应当予以劝阻、调解。

2.对于正在实施的家庭暴力,受害妇女应当及时拨打“110”报警,公

安机关应当予以制止。

3.施暴造成受害妇女轻微伤的，可以要求公安机关给予施暴方治安管理处罚，如警告、罚款、拘留。

4. 长期遭受家庭暴力的受害妇女可以家庭暴力为由要求离婚，在离婚时获得包括人身损害和精神损害在内的离婚损害赔偿。

5.对于已构成犯罪的家庭暴力行为，受害妇女可以依刑事诉讼法的有关规定，向人民法院自诉。对于暴力致被害人重伤、死亡的，受害人或其近亲属可以向公安机关报案，公安机关应当依法侦查，人民检察院应当依法提起公诉。对于被害人因受强制、被恐吓等原因不能告诉或者由于年老、患病、盲、聋、哑等原因不能亲自告诉，其法定代理人、近亲属可代为告诉。

另外，在我国已将受家庭暴力，且经济困难的妇女，纳入了援助范围。

在本案中，李某要求离婚，根据《中华人民共和国婚姻法》规定，夫妻感情是否破裂是衡量离婚条件的唯一标准，而感情破裂的情形在婚姻法中也做了相应的规定。《中华人民共和国婚姻法》第三十二条明确规定："人民法院审理离婚案件，应当进行调解；如感情确已破裂，调解无效，应准予离婚。有下列情形之一，调解无效的，应准予离婚：(一)重婚或有配偶者与他人同居的；(二)实施家庭暴力或虐待、遗弃家庭成员的；(三)有赌博、吸毒等恶习屡教不改的；(四)因感情不和分居满二年的；(五)其他导致夫妻感情破裂的情形。一方被宣告失踪，另一方提出离婚诉讼的，应准予离婚。"本案中，李某能成功离婚就是依据张某实施家庭暴力行为。

10.跟赌徒丈夫离婚是否援助?

案例:

2011年11月13日一大早，一位面部青肿的妇女抱着孩子来到了法律援助中心，她自称侯某，刚刚被丈夫刘某殴打，想要离婚请求法律援助。经审查，侯某正在哺乳期，没有固定工作，也没有经济来源，现依靠父母救济生活，村委会、妇联等为其出具了证明，法律援助中心当场决定受理并指派了援助律师。

援助律师了解到，2009年她与丈夫结婚，因俩人都没有工作，在父母的帮助下开了一家小饭店，没干上两个月就发现丈夫赌博，开始还听她的劝说。可是，今年她生了女儿后，丈夫越赌越大，在5月份为了还赌债，丈夫瞒着她将饭店兑出。他也曾因为赌博被公安机关行政拘留过，可是丈夫不知悔改，不工作也不管她们母女。因丈夫赌博欠下大量的外债，夫妻经常发生口角及殴打，今天早上就是丈夫向她要钱去赌博，她说没有，丈夫就拳打脚踢。因为有一个不到1周岁的女儿，她一直希望丈夫能悔改，挨打后从未报警，也没有让任何人知道。现在侯某已对丈夫失望，想离婚，可丈夫又一直纠缠她，不同意离婚。

援助律师为侯某代写了起诉状，又陪同她到法院立了案，因其丈夫不断威胁侯某，援助律师找到了主审法官，向法官介绍了侯某的事情，取得了法官的同情,法官给侯某的丈夫刘某打电话,约其在 11 月 15 日开庭。由于,侯某被打只有自己的陈述,援助律师让侯某到医院做了伤情诊断,但是在法律上认可的家庭暴力是以有多次暴力行为来定案的,可侯某对被打情况不能提供证据。根据《中华人民共和国婚姻法》第三十二条规定,实施家庭暴力或虐待、遗弃家庭成员的和有赌博、吸毒等恶习屡教不改的两种情况都能准充离婚,所以援助律师到公安机关调取了刘某因赌博而被公安机关处罚的证据。

11 月 15 日,法院进行庭审时,刘某当场否认其有赌博行为,但对于家庭负债的原因却说不出来,并且只承认这一次殴打。援助律师提供其被公安机关处罚的证据,又告知刘某根据法律规定,有赌博、吸毒等恶习屡教不改的,法院应判决离婚。刘某在证据面前低下了头,并且认识到如果二人继续共同生活,而自己不能戒赌,对妻子和女儿都是伤害,他同意离婚,也同意女儿由妻子抚养。本案终于以调解离婚告终。

专家解析:

本案中的侯某虽然不是低保人群,但是因其孩子太小在哺乳期而不能工作,所以属于经济困难群众,并且在家庭婚姻案件中妇女是弱势群体,现多个省市的法律援助规定都将贫困妇女离婚案件纳入了法律援助范围。

此案从受理、调查取证、庭审才仅仅两天时间,充分体现了法律援助"绿色通道"的方便、快捷。援助律师承办此类案件采取调解的方式解决,晓之以理,动之以情,有利于解决婚姻纠纷,有利于原、被告之间的隔阂,有利于今后孩子抚养费的执行。

11.智力残疾妇女离婚也能援助?

案例:

2011年8月9日,市法律援助中心接到市妇联打电话,说某社区主任反映,有一智力低下的妇女因被丈夫打伤,要求离婚,问市法律援助中心能否帮助。法律援助律师了解到其经济困难,立即答复可以援助。第二天上午,吕某在其母亲的陪同下带着市妇联的介绍信、残疾证、社区证明等材料来到市法律援助中心。法援中心对此案进行了审查,吕某为残疾妇女且是因家庭暴力而请求法律援助的,认为符合法律援助规定决定受理,指派援助律师为其代理。

援助助律师接受此案后,了解到,吕某母亲在怀孕时吃药而导致吕某先天智力低下,成年后也只有7岁左右的儿童智力。但其身体发育正常,家人为了她有一个正常人的生活,在她22岁时托人介绍与38岁的三级肢体残疾人李某相识,相识不到两个月吕某就怀孕了,吕某母亲只好让他们在2008年6月登记结婚。2008年10月吕某生下一女儿,吕某说,女儿一哭,李某就骂他。2009年10月1日,因没有给女儿换尿湿的衣服,李某就将吕某踹倒,从此就经常打骂吕某。前几天,李某打了她好几个耳光,现在她已经不敢见李某了。吕某的母亲补充说,因吕某智力低下,不会抚养女儿,也不能很好地做家务,李某就想骂就骂,想打就打，弄得现在吕某一看见李某就哆嗦，社区主任及邻居多次调解无效。

为此，援助律师为吕某代写了民事起诉状，随后又协助其到法院办理了立案手续。为了能在最短的时间内解决吕某的婚姻问题，援助律师与主办法官进行协商，希望能尽快开庭。法官被律师的真诚所打动，同意在立案后十五日就开庭。

援助律师在经过充分准备后，出庭参加诉讼活动。在开庭前，援助律师建议原告和被告双方进行调解，并着重做被告的思想工作。可在律师向被告宣传相关的法律时，还未等把话说完，被告便先向律师说出对原告母亲的种种不满。并且情绪非常激动，认为是吕某母亲的参与才致使他打骂吕某，但不管怎么样，都有孩子了就应生活在一起。针对被告的观点，律师进行了耐心解释，法院判决离婚是以夫妻感情破裂为依据的，因原告智力低下，被告打骂原告虽然事出有因，但造成原告已不敢和被告说话，见到被告就躲，夫妻已无法共同生活。经过近三个小时的劝说，双方最后终于达成了协议。

法院鉴于双方自愿达成了协议，当即制作了调解书，双方均在调解书上签了字。此时，吕某脸上露出了笑容，承办律师也感到很欣慰。在走出法院大门时，李某对律师提供法律援助帮助他们解决纠纷表示由衷的感谢，并表示一定抚养好女儿，也会配合原告探望女儿，让律师放心。

专家解析：

本案中，原告吕某是智力残疾人，没有工作能力，没有生活来源，只靠低保生活。法律规定，对有经济困难需要法律援助或者司法救助的妇女，当地法律援助机构或者人民法院应当给予帮助，依法为其提供法律援助或者司法救助，现各地都拓宽了法律援助范围，很多省市已将家庭暴力纳入法律援助范围。

因此案的双方都是残疾人，有共同的女儿，所以具有可调解的特点。法律援助律师承办此类案件一般应采取调解的方式解决，这样不但有利于消除原、被告之间的隔阂，便于今后原告探望女儿，而且也利于社会的稳定与和谐。

12.妇联可以转送援助案件吗？

案例：

2010 年 1 月 4 日早上，这是元旦休假结束后第一天上班，一位朝鲜族老人来到了县法律援助中心。经询问了解到，老人名叫金某，女，71 岁，是大沟村农民。2009 年 3 月 25 日 10 时左右，金某沿人行横道过马路时，司机赵某驾驶一辆捷达出租车驶来，金某看见车辆驶来就向后退，赵某连忙刹车，车辆虽然停住，但金某因撞到车辆后视镜而摔倒在地，造成金某左腿骨折。经县交通警察大队认定，赵某负此次事故的全部责任。

金某因此事故住进县医院治疗 35 天，共花费医药费 18688 元。事故发生当日，司机交了 6600 元医药费。在金某住院期间，老人的亲属找司机索要医药费时，司机却不再支付。2009 年 12 月老人伤情稳定后，老人找司机索赔，司机说车不是自己的，自己是被车主张某雇佣开车，让老人向车主张某要。可是老人给张某打电话，张某却说，出租车参加了第三者强制险,应当由保险公司支付。找到保险公司,保险公司告诉老人,车主与老人达成调解协议,他们才能理赔。就这样司机、车主、保险公司都各执一词。老人不知所措,金某想到了妇联是女人的娘家,就找到县妇联,请求帮助,没想到妇联设有法律援助工作站,工作人员告诉老人可以申请法律援助,老人就来到法律援助中心请求援助。经查,金某享受低保待遇,为此县法律援助中心受理了此案,并指派援助律师代理。

律师充分了解案情后,将车主、司机、保险公司列为共同被告,为金某代写了民事起诉状,当天律师陪同老人到法院办理了立案手续。

2010年3月23日,人民法院开庭审理此案,司机赵某提出,如果当时金某正常向前行走,而不后退,不会相撞,且车辆已经停下来,是老人自己撞上摔倒的。一般人摔倒不会有事,因为金某年老骨质疏松才会骨折,所以应减轻他的赔偿责任。车主张某提出,因赵某是全部责任,此事故赔偿应由赵某自己赔,与他无关。律师对他们的观点一一反驳,并将老人所有损失进行了细致的举证, 又将法律的相关规定向司机和车主进行了详细的解释说明,赵某、张某终于同意在第三者强制险赔偿范围外支付原告的损失。法院因原、被告双方达成调解,故下达了法院调解书,“一、张某支付给金某赔偿金6000元,在达成调解协议时一次性支付。二、赵某支付给金某赔偿金6000元,在达成调解协议时一次性支付。二、保险公司支付给金某医药费、护理费、交通费等共计20816元。”金某拿着当场支付的12000元,激动地对律师说,谢谢法律援助使她顺利地拿到钱,要是她自己办,不知道什么时候才能得到赔偿呢。

专家解析:

当前,为了切实做好妇女儿童的法律援助工作,加大对妇女儿童合法权益的保护力度。部分法律援助中心在妇联成立法律援助中心妇联法律援助工作站。工作站的主要职责为，一是为妇女儿童解答法律咨询;二是开展有关妇女儿童维权方面的法制教育和法律援助知识宣传;三是对妇女合法权益受到侵害申请法律援助的案件进行初审，符合受理条件的向法律援助中心报送；四是协助县法律援助中心办理涉及妇女儿童方面的相关事宜。本案就是由妇联法律工作站转送过来的。

本案是一起很简单的交通事故，肇事车辆参加了机动车交通事故责任强制保险,原、被告双方如在交警部门达成调解协议,就能获赔,因司机、车主都不愿意拿出时间和金某协商,致使三方互相推诿,金某的合法权益不能得到维护。援助律师能够为金某考虑,在诉讼中为金某全程代理,极大地维护了金某的利益。

13.老年妇女离婚援助吗?

案例:

1998年,59岁的刘某与同岁的夏某登记结婚,双方均系再婚。两人组成家庭以后,刘某一心一意与夏某过日子,帮助夏某照顾年幼的孙子和外孙女,而如今夏某的子女及孙子、外孙女均已长大成人,刘某也老了。刘某没有工作,没有任何收入,夏某是公务员,每月有二千多元的固定收入。2004年末,因为给夏某家孩子买房子,刘某与夏某发生了矛盾,两人经常争吵,但是刘某从未想过离婚。2005年8月1日,夏某起诉离婚,这对刘某来说无疑是晴天霹雳。她做梦也没想到会有这么一天,接到法院传票后,她不知所措。在社区工作人员的介绍下,刘某来到了市法律援助中心请求法律援助。

市法律援助中心经审查,认为刘某符合法律援助条件,决定为其提供法律援助,并指派援助律师承办此案,承办律师接受这个案件后,详细了解了案情。从中得知,刘某虽然同意离婚,但担心分不到财产,自己一分钱收入也没有,日后无法生活。针对这种情况,承办律师向法院递交了调查取证申请书,申请法院调查夏某在各个银行的储蓄存款情况,通过调查得知:夏某在工商银行有两笔存款合计7062.56元。夏某于2005年8月1日向法院起诉离婚,于8月3日将两笔存款支取。可见,夏某是不想让刘某得到存款,提前做了准备。此外,二人还有4间土坯房,系婚后购买的。承办律师在答辩状上提出三点代理意见:一是要求分得土坯房,以解决刘某居住困难;二是要求分得夫妻共同财产中在银行存款的一半;三是由于被告无工作,无收入,要求原告给予一次性经济帮助。

法院在公开审理时,充分采纳了承办律师的代理意见。法院判决:房屋由被告刘某居住,被告刘某一次性返还原告财产折价款5000元;存款7073.98元(在原告处)双方各得3536.99元;原告夏某一次性给予被告刘某经济帮助3000元。以上各项折抵后,原告应给付被告1536.99元,此款于判决生效后10日内一次性给付,在承办律师的努力下,刘某既解决了住房问题,又拿到了1536.99元现金,可以安度晚年了。

专家解析:

家庭是社会的基本细胞和社会稳定的重要基础。妇女的合法权益得不到保护,会给家庭、当事人的亲属、邻居及社会群体带来负面影响,由此引发诸多社会问题，影响社会的和谐稳定。老年妇女更是社会的弱势群体，自身保护意识差，权益经常受到侵犯。法律援助以贫困、弱势妇女为法律援助的重点对象，积极为她们提供法律援助，有效地维护了她们的合法权益。

再婚夫妇离婚时往往对财产如何分割看得很重，尤其是到了晚年没有固定收入的妇女更是如此。本案中的刘某刚到援助中心时，不知所措，只是不停地说：离婚后可怎么办。援助律师对其进行讲解，晓以利害，使刘某能结合自己的实际情况趋利避害、扬长避短，在符合法律规定的程序下维护了自己的合法权益。

14.少女索要抚养费会给援助吗？

案例：

周某，女，16岁，是市中学初三的一名学生。她10岁时父母离异，法院将周某判给其父亲抚养，周某是个懂事听话的孩子，把全部心思都用在学习上，从小学到初一的学习成绩都很优异。然而好景不长，自从周某的父亲再婚后，情况发生了变化，继母常常无端生事，以各种借口辱骂周某，在丈夫面前唠唠叨叨。起初，父亲还常护着周某数落妻子的不是，可是随着时间的推移，父亲也站到了继母的一边，视周某为“出气筒”。父亲和继母的辱骂声始终在周某的脑海中萦绕，使她幼小的心灵受到了严重的创伤，觉睡不好，饭吃不香，身体逐渐消瘦下来，上课精力不集中，学习成绩明显下降。初二第一学期期末考试成绩已降到了全班中下水平。其父不但不正视女儿成绩下降的真正原因，反而不问青红皂白对她施以拳脚。周某在家里再也待不下去了，决定离开这个让她厌恶的家。一天晚上10点多钟，她只身跑到了外婆家，在外婆的怀里痛哭了一夜。第二学期开始了，周某的学费还没有着落，外婆每月200多元的退休工资只能勉强维持生活，母亲也下岗了，无奈，周某只能硬着头皮去找她内心不愿见到的父亲要学费。可父亲不但不给，反而将女儿一顿臭骂，还要打她，父亲的行为伤透了周某的心，面对这一切，她想到了法律，决定通过法律维护自己的权利。于是，在白发苍苍的外婆的陪伴下，来到了市法律援助中心。

周某的遭遇引起了律师的同情，得知外婆家庭状况十分困难，周某上进心很强，若因经济原因耽误孩子前程是十分可惜的。而且维护未成年人的合法权益是法律援助义不容辞的责任。为此，市法律援助中心当天完成了受理、审查、审批手续，指派了援助律师承办此案。

承办律师接受此案后，对周某的邻居、同学做了调查，完成了调查笔录。依据调查笔录和《婚姻法》《未成年人保护法》等有关规定，承办律师为原告周某写了起诉状，递交到市人民法院，请求法院判令周某的父亲履行抚养义务，给付周某抚养费、教育费及相关费用。

市人民法院依法不公开审理了此案，被告到庭应诉，在法庭上，被告开始不承认对原告不好，不愿给付抚养费、教育费的事实，但在证据面前，被告才无话可说。承办律师摆事实，讲法律，明确指出《婚姻法》及《未成年人保护法》均规定父母有抚养教育子女的义务，被拒绝抚养和教育的未成年子女有权提起诉讼要求父母履行抚养和教育的义务,被告深受教育,最后法院通过调解结案。

被告向法庭承认了自己的错误,在法官和承办律师的调解下,被告同意每月支付女儿周某 700 元抚养费及相关的费用。并当场支付了当月的费用。

未成年女儿状告生父履行抚养教育义务,这对一名少女来说,需要很大的勇气,市法律援助中心向周某伸出援助之手,使其父幡然悔悟,同意给付女儿一定数额的抚养教育费,既维护了周某的合法权益,又使她的生活和接受教育有了经济保障,周某学习更加刻苦,当年的中考成绩上升到全校前 10 名,看到周某的变化,承办律师感到十分欣慰。

专家解析:

为了保护未成年人的基本权益,我国《法律援助条例》第十条规定,公民对请求给付抚养费需要代理的事项,因经济困难没有委托代理人的,可以向法律援助机构申请法律援助。依据此规定,未成年人追索抚养费的案件符合法律援助的条件。

本案中涉及的抚养权是指父母对其子女的一项人身权利,然而,在现实生活中,由于各种原因的出现与发生,少不更事、懵懵懂懂的未成年子女在面对父母的感情纠葛时,不可避免成为了父母之间矛盾的"牺牲品"。让孩子有一个平安快乐的生活环境、尽可能为子女今后的成长提供必要的物质条件、尽可能减少因感情纷争给子女造成的伤害才是做父母应该考虑的,此外,维护未成年人的合法权益也是社会应尽的责任。

父母离婚后,支付抚养费是未直接抚养子女一方的法定义务,也是子女健康成长的基本经济保障。根据《最高人民法院关于人民法院审理离婚案件处理子女抚养问题的若干具体意见》，对子女抚养问题及抚养费给付问题均是从有利于子女身心健康，保障子女的合法权益的角度出发，故在处理此类案件中也要抓住该中心要旨，并且《具体意见》的第八条规定："抚养费应定期给付，有条件的可一次性给付。"在本案中，因周某父亲每月有固定收入，抚养费按月支付即符合法律规定又切合实际。

15.未成年人的遗产纠纷能否援助?

案例：

4月的一天，一位70多岁的老人领着一个面黄肌瘦的小男孩儿来到市法律援助中心。老人一进办公室就对接待人员说："你们帮帮我们祖孙吧，不然孩子连学也上不了了！"当工作人员询问小男孩儿怎么回事时，小男孩儿却一言不发。经过与老人沟通，工作人员知道，老人是为10岁的外孙田某来寻求帮助的，说起田某的遭遇，老人泣不成声。

原来田某的生父早年离家出走，五六年间音信全无，生死未卜。田某的母亲只得和其离婚。母亲再婚又得一子。后来，田某的母亲却因种种原因自杀身亡。生父下落不明，生母又抛下他离开了人世。就在田某失去母亲的痛苦时刻，他的继父竟然私自变卖了田某母亲名下的楼房，并带走了亲生儿子和所有财产，把田某丢给了70多岁的外祖父。这叫年老的外祖父怎么抚养田某长大成人呢？田某的外祖父听人说田某也应该占有一部分房产，有权利得到部分房款，他们来求助的目的就是告田某的继父，要回属于田某的那份应得的财产。

经审查，法律援助中心的工作人员认为田某属未成年人，且此案符合法律援助的范围，于是接受了田某的申请，当场办理了相关委托手续。

接案后，援助律师到房产部门和社区做了详细调查了解，并拿到了相关证据。综合分析后，认为依据《继承法》和《民法通则》的相关规定，田某和其外祖父都拥有继承遗产的权利，其继父非法处置了他人财产，剥夺了田某和其外祖父继承遗产的权利。

援助律师在几次与田某继父协商不成的情况下，决定代表田某和其外祖父正式提起诉讼。

第一次开庭时，继父承认没有将田某应继承的遗产份额分给他，但作为田某的监护人他可以代管。援助律师代表田某提出了如下辩护意见：

1.被告没有抚养田某。田某生母自杀后，一直由外祖父抚养，并居住在外祖父家，被告从来没有支付生活费和探望过一次，没有尽到抚养义务。

2.被告今后抚养田某的可能性不大。因为田某并非被告亲生，且被告有亲生孩子，将来有再组建家庭的可能，不能保证将来抚养田某。

3.从目前看，田某愿意留在外祖父身边，而且其几个姨妈都表示愿意抚养田某。

所以被告不可能作为田某的监护人，应按法律规定进行遗产分割。

经过两次开庭，由于田某的外祖父当庭表示愿意放弃对遗产的继承权，全部由田某所有。双方就遗产归属田某已无异议，援助律师还在此基础上就尊老爱幼、扶助弱者的原则，请示法庭重点考虑未成年人的利益和实际需要，就田某的未成年身份争取多一些遗产份额。

最后，法庭宣判：被告向原告支付遗产金额 11.13 万元。这笔钱由其外祖父进行保管、正当使用，专门用于田某的读书以及成家立业上。

至此，田某得到了应得的那份遗产，依靠法律维护了自己应有的权益。田某知道又能上学了，脸上终于绽放出笑颜。看到孩子开心的笑容，工作人员觉得这比什么样的报酬更值得。

专家解析：

未成年人是国家的未来，未成年人的健康成长对国家未来的发展至关重要，创造一个有利于未成年人健康成长的社会条件和环境，是国家和全社会义不容辞的责任。随着社会的发展和经济水平的提高，未成年人继承遗产案件也呈现大幅增加的趋势。《未成年人保护法》第五十二条规定：“人民法院审理继承案件，应当依法保护未成年人的继承权和受遗赠权。”继承是未成年人获得财产的主要手段，继承权是未成年人的一项重要权利。但社会上有一些家庭并没有认真重视未成年人的这一权利，侵权行为时有发生。在一些继承案件中，监护人在不征求未成年人意见的情况下，将属于未成年人的财产当作自己财产代为放弃或转让，侵害了未成年人的合法权益。而作为当事人的未成年人对自己的这方面权利也了解不够，不知道如何维权。此案中，法律援助中心人员能严格履行职责，应援尽援，实施周到的法律援助服务，不但使该纠纷利害关系人受到了法制教育，体现了意思自治、依法合情合理的原则，而且在遗产分割上重点考虑了未成年人的利益和弱者基本生活所需，用法律武器维护了未成年人的合法权益。

16.未成年人交通事故是否援助？

案例：

古某，女13岁，系某镇中学初二学生。2011年5月8日下午放学时，因为下暴雨，同学们都留在教室没有走，而古某要去给读小学的弟弟送伞，就打着伞独自出了教室。没想到，刚走到校门口就被在学校院内倒车的校车给撞倒，古某当场就昏了过去。校车司机李某发现撞倒古某，就立即开着校车将古某送到县城医院。经检查，古某左趾骨骨折，左髋骨折，右肱骨折，左足内处踝骨折，右足内处踝骨折。李某给古某办理了入院手续，交了5千元押金，这时古某的父母也从村里赶到了医院。

三天后，县交通警察大队因肇事车辆送古某上医院，而造成事故现场的移动，无法认定责任，故根据《道路交通事故程序规定》的第五十条“……道路交通事故成因无法查清的，公安机关管理部门应当出具交通事故证明……”之规定下达了事故证明，证明“在5月8日16点30分许，驾驶人李某驾驶中型普通客车，在镇中学院内倒车时，撞到了学生古某，造成学生古某受伤的事故。”

5月12日，李某交的抵押金早已用完，古某的父母要求李某先支付3万元的医药费。李某说古某也有责任，不同意医药费都由自己出，双方为此多次发生了争执。最后，李某生气地说："我还一分钱不给了，你爱哪告上哪告。"就不再和古某家商谈。看着古某在病床上无钱医治，医生告诉古某父母可以申请法律援助，古某的父母在走投无路的情况下来了法律援助中心。经审查古某的父母是外省某贫困村村民，到此地打工两年，今年才把古某和儿子接到打工处上学，生活十分困难，且古某是未成年人，故援助中心受理了古某的申请，指派援助律师代理此案。

援助律师详细了解有关案情后，建议古某父母就医药费用先与李某进行调解，其他赔偿等古某伤好后再说，古某的父母同意了律师的意见。因李某不与古某父母协商，律师就找了教育局及学校领导，请他们找到李某。律师代表古某父母，李某在副局长、校长的陪同下进行了反复调解。律师告诉李某，虽然交警部门没有划分责任，因事故发生时李某将校车倒入院内，李某应当承担全部责任。现在，古某家非常困难，如李某不先支付医药费，古某就可能被迫出院，耽误治疗，这样对双方都不利。李某也说，自己开车送古某而没有保留现场的事，就能说明自己是个有担当的人，主要是古某父母素质太低，总骂人，并且自己认为古某多少有点责任，学校也应该承担一些。对此，律师解释到，校车是李某所有，他和学校是运输合同关系，此事故学校不应承担责任，而李某的车参加了交强险，大部分费用保险公司能负责。在律师的耐心劝说下，李某同意再拿出3万元交到医院给古某做医药费使用。

8个月后，古某所有损伤都结束了治疗，伤情稳定后做了鉴定。援助律师代古某到人民法院以李某、保险公司为被告提起了民事诉讼，因古某多处骨折，原、被告双方共同委托司法鉴定所对古某的伤残等级、护理人数和时间进行了鉴定。2012年3月10日，司法鉴定所出具的鉴定意见，认为“1.古某的此次损伤致骨盆畸形愈合，评定拾级伤残；右肱骨干骨折内固定术后，右肘关节活动功能部分丧失，评定拾级伤残；左内外踝骨折内固定术后，左踝关节活动功能部分丧失，评定拾级伤残；右内外踝骨骨折固定术后，右踝骨关节活动功能部分丧失，评定拾级伤残。伤残赔偿指数评定为16%。2.古某的此次损伤需壹人护理玖拾日。”对此鉴定双方均无异议。

最后，双方在法院的主持下达成调解协议，“一、李某赔偿古某4万元，扣除李某先期支付的3.5万元医药费，在达成调解协议时一次性支付给古某5千元。二、保险公司支付给古某残疾赔偿金、医药费、护理费、交通费等共计59806元。……”这场车祸使古某饱受痛苦的煎熬，而法律援助雪中送炭的帮助，使她的合法权益得到了维护，古某由衷地感受到了社会的温暖。

专家解析：

未成年人是弱势群体，在日常生活中很容易受到意外伤害，在诉讼过程中会遇到很多困难。目前，我国各级法律援助中心已将未成年人的人身损害赔偿列入援助范畴。只要能证明家庭经济困难，其法律援助申请都会被受理。

在本案中，古某的父母与李某的关系紧张，致使古某无钱医治，援助律师投入了较大的精力和时间，反复调解，并能够从学校、教育局入手，综合大家的力量来感化李某，使其先支付了古某的医药费，使古某得到了及时的治疗，化解了双方的矛盾，受到了当事人的感激和赞扬，充分体现了法律援助应援尽援的服务宗旨。

17.能援助贫困少年被殴打的案件吗?

案例:

权某,12 岁,父亲在他 5 岁时因病去世。5 年前,母亲为了还债将房屋卖了。母亲带着他和姐姐到王村与王某共同生活,王某为智力残疾人,村里人经常戏弄王某,致使权某也多次被村里的孩子欺负。2010 年 9 月 27 日晚上六时许,母亲和王某在地里干活未回家。权某被黄某(19 岁)、李某(18 岁)、张某(18 岁)等三人叫出家门,黄某三人让权某拿钱买饮料,权某没有钱,黄某就让权某跪下,又打了权某的一耳光。李某说,在村里别人会看见,黄某和张某两人就把权某拉到了大河边,他们三人分别用手殴打权某,让权某跪着,黄某还向权某的嘴里吐口水。当晚七时,母亲回家后,没有看见权某,就请邻居和老师一起寻找,当大家找到权某时,权某还跪在地上,母亲非常愤怒,当场就打 110 电话报警。镇派出所的民警把黄某等人带到了派出所。

权某被送往县医院治疗,因权某家庭困难,无钱办理住院手续,医院就让权某及母亲在门诊注射室的床上住了 13 天,只收取了医药费 2600 元。经法医鉴定,权某的伤为轻微伤。为此,公安机关对黄某三人分别处以行政拘留 7 天,罚款 500 元的行政处罚。权某出院后,权某的母亲找到派出所要求黄某等人赔偿,民警告诉她,黄某家不同意赔偿,因此无法调解,只能向法院起诉。权某的母亲领着权某来到了县法院要求起诉，可权某的母亲不会写字，立案庭的工作人员告知权某母亲可以申请法律援助。于是权某的母亲领着权某来到了县法律援助中心，经审查，援助中心受理了权某的申请，当场指派了援助律师代理此案。

律师接案后，详细询问了权某及权某的母亲，又与派出所的民警取得了联系，掌握了案情。首先告诉权某的母亲，不要带着权某到处找，让权某去上学，不要耽误权某的学习，赔偿可以由权某母亲和律师代理。律师和权某母亲通过分析后，认为张某家、李某家和权某家都在一个村里住，家长比较明理应当能赔偿。所以，援助律师首先找到了张某和李某的家长，劝说大家都是在一个村住着，张某和李某这种行为是不对的，法律规定他们应当赔偿权某。两位家长也表示愿意赔偿权某，但是不知道应当赔偿多少。律师给他们详细地计算了权某的损失，得到了他们的认可，最终张某和李某的家长分别支付给权某1500元。并让张某和李某向权某道歉。律师和权某的母亲找到住在镇里的黄某家，黄某母亲坚决不赔偿权某。她说小孩子打架还报警，黄某被罚也被关了，而且黄某的爸爸在韩国打工，听说黄某被公安机关处罚非常生气，埋怨黄某母亲没有管好黄某，这个月都没有给黄某母亲寄钱，所以有钱也不赔偿。看到黄某母亲如此态度，律师决定代权某以黄某为被告向人民法院提起了民事诉讼。

在庭审中，律师指出根据《民法通则》第一百一十九条规定：侵害公民身体造成伤害的，应当赔偿医疗费、因误工减少的收入等费用；同时根据《中华人民共和国侵权责任法》的相关规定，受害人遭受人身损害，赔偿义务人应当赔偿医疗费、护理费、交通费等为治疗和康复支出的合理费用，以及因误工减少的收入。而权某在医院治疗13天，期间家长一直陪护，故应当赔偿护理费，权某的各项损失共计4500元。根据《中华人民共和国侵权责任法》的第十二条“二人以上分别实施侵权行为造成同一损害，能够确定责任大小的，各自承担相应的责任；难以确定责任大小的，平均承担赔偿责任。”所以黄某应当赔偿权某1500元。

法院支持了律师的主张判决，黄某赔偿权某1500元。判决生效后，黄某主动将钱送到了权某母亲的手中。

专家解析：

未成年人的法律援助，因为关系到未成年人这一特殊的弱势群体，因而备受各方关注，在《未成年人保护法》中专门规定了法律援助内容，全国各法律援助机构也都明确将所有生活困难、合法权益受到侵害的未成年人纳入法律援助保护范围。

本案中权某原本就很不幸，幼年丧父，却还被人殴打，虽然打人者都受到了行政处罚，但对于权某的损失却没有支付。援助律师没有简单地一诉了之，而是先采取调解的方法，化解了权某家与同村村民的矛盾，有助于权某在一个安全的环境里健康成长。

18.残疾人遗产继承能援助吗？

案例：

李某，男，因患有小儿麻痹症而残疾，5岁时其母亲改嫁到继父林某家。李某母亲为林某生育了3个女儿，李某的三个妹妹相继结婚，大妹嫁到了本村，而二妹和小妹都嫁到了外地。李某一直没有结婚，就与继父及母亲共同生活。2006年继父林某得了脑血栓后瘫痪在床，李某和母亲共同侍候林某，无力耕种土地，就将林某的家庭承包地及开荒地都让大妹一家耕种，每年供李某家的粮食。2008年12月李某母亲突发心脏病去世，而继父林某也在2009年2月份去世了，李某独自处理后事花费人民币2万多元。因处理老人后事李某与大妹发生矛盾，大妹不再给李某粮食，并且在2010年春，大妹将老人遗留的房屋变成自家的菌房，造成李某无家可归。

2010年5月10日，李某持残疾人证及镇出具的贫困证明到县法律援助中心请求法律援助。中心工作人员经过对此事件的分析，认为李某虽然已成年，却是一名肢体残疾人，独自生活，没有固定的生活来源，属于贫困人群，符合《法律援助条例》规定的法律援助条件。而且李某能否得到继父林某的遗产，对其今后的生活将产生决定性影响，于是开辟绿色通道，简化受理审查手续，当即指派援助律师代理，为李某实现其应享有的遗产继承权。

援助律师接案后，在第一时间与李某所在的村委会取得了联系，详细向村干部及其邻居了解案情，又通过电话了解到李某的二妹、小妹都同意将房屋给李某，援助律师厘清了法律关系，以求最大限度地维护李某的合法权益。

援助律师三次找到李某的大妹妹，希望双方能调解，可大妹妹坚持要将土地及房屋转租他人，将租金再分割。考虑到李某的生活现状，援助律师分析后认为，李某无房可住，大妹妹的方案不利于李某，于是及时和李某及他的二妹、小妹沟通，建议李某及时提起民事诉讼，将大妹妹告上法庭，要求大妹妹与李某、二妹和小妹对林某留下的遗产进行公平分配。

在庭审中，援助律师充分利用已有证据，通过逻辑推理，把事实尽可能还原并展现在主审法官面前，并引用《中华人民共和国继承法》第五条“继承开始后，按照法定继承办理，有遗嘱继承或者遗赠办理；有遗赠扶养协议的，按照协议办理”的规定，指出在被继承人无任何形式遗嘱或遗赠扶养协议留下的前提下，遗产应适用法定继承方式进行分配。另外李某五岁时就随母亲到了继父家，已经形成继父子关系，其母亲及继父去世时，又是李某为两位老人办理的后事，根据《中华人民共和国继承法》第十条规定李某与林某是有扶养关系的继子女，是第一顺序继承人，所以李某有权继承其母亲及继父的财产。

援助律师又对本案的财产分割进行了分析，现在李某的三个妹妹都已成家，都有自己的住宅，所以应当将房屋由李某继承。李某身体残疾不能耕种土地，二妹、小妹都居住在外地，土地原来一直由大妹妹耕种，最好继续由大妹妹耕种，支付给三人租金。

经援助律师的耐心调解，李某等人当庭达成调解协议：1.林某名下0.62 公顷土地由其大妹妹耕种，每年向李某等三人支付 200 元。2.林某名下的房屋归李某所有。3.二妹妹、小妹妹分别向李某支付料理老人后事费用 2000 元。

专家解析：

残疾人是弱势群体中的特殊群体，首先要维护他们的生存权，我国的《残疾人保障法》、《法律援助条例》等法律法规中已明确规定，对经济困难的残疾人给予法律援助，并且部分地方已建立和健全各级残疾人法律援助服务网络，免费为残疾人提供法律咨询；免费代写法律文书；对经济困难的残疾人提供法律援助，免收诉讼费用；对行动困难的残疾人登门服务；对涉及侵害残疾人合法权益的事件优先接待、优先调解、优先办理；为残疾人组织及其经济实体提供法律服务，指派律师担任常年法律顾问等。

本案的当事人李某是一名残疾人，但他享有的遗产继承权绝对不容剥夺，在被继承人没有留有任何遗嘱的前提下，其遗产只能按《继承法》规定的法定继承方式公平合理的分配，大妹妹一直认为李某不是林某的亲生儿子，不应继承。在律师的解释下，她终于又认回了这个哥，李某 40 多岁也没有成家，三个同母异父的妹妹应是最亲的人，走到法庭有很多说不出的无奈。援助律师承办此案采取调解的方式解决纠纷，化解了家庭矛盾，李某的三个妹妹也都当庭表示以后要和睦相处，照顾好李某，也使李某今后有了生活的依靠。

19.车祸致残的给援助吗？

案例：

2009 年 9 月 17 日下午 2 点多钟，李某某驾驶二轮摩托车行驶到村头，与吴某某驾驶的农用三轮车会车时相撞，造成李某某受伤，经交警部门认定李某某负此次事故的主要责任，吴某某负此次事故的次要责任。2010年3月5日经县公安局委托,司法鉴定所为李某某做了司法鉴定,于2010年5月28日出具了鉴定书。李某某多次找吴某某协商,但是吴某某以自己负有的是次要责任,拒不支付任何费用。

2010年8月30日,李某某来到县法律援助中心申请法律援助,经查李某某是左眼失明的残疾人,并且独自生活,因此次受伤而不能劳动,故无任何生活来源,所以县法律援助中心受理了此案,并指派援助律师为其代理。

承办律师详细询问了李某某,查阅了相关资料,为其代写了起诉状,因李某某行动不便,又代其提起民事诉讼。2010年12月县人民法院开庭审理此案,援助律师代理李某某宣读完起诉状时,吴某某的代理人提出,对县公安局交通警察大队出具的《交通事故认定书》有异议,因为吴某某从未收到此认定书。所以,法庭中止审理。后到县公安局交通警察大队调取了此事故的卷宗,经查,的确不是吴某某本人签收的事故认定书,但是其儿子签收的。援助律师向法官及吴某某指出,虽然《交通事故认定书》的送达程序有瑕疵,但其所证明的事实是正确的。

2011年1月,县人民法院第二次开庭审理此案,吴某某又提出因李某某已于2010年11月8日进行了取锁钉治疗,所以应没有后续治疗费,又提出对之前所做的伤残评定、误工损失时间有异议;今后的治疗费做司法鉴定。2011年7月10日,司法鉴定中心做出司法鉴定书,鉴定意见为:

1.被鉴定人李某某的右侧第5－11肋骨骨折属拾级伤残;右股骨骨折内固定术后属拾级伤残。

2.被鉴定人李某某本次损伤的误工损失时间评定为壹佰伍拾日。

3.被鉴定人李某某本次损伤的医疗已终结。

2011年7月5日，县人民法院第三次开庭审理此案。在举证阶段，吴某某提出李某某有肝病，请求对李某某用药合理性进行司法鉴定。为此援助律师到县中医院、县医院为李某某调取了用药清单，并询问了主治医生，李某某治疗肝病只用了一百元的药费，援助律师及时告知法官及吴某某，劝说吴某某放弃了用药合理性的鉴定。

2012年2月，县人民法院第四次开庭审理此案，援助律师将李某某的损失进行了细致的举证，并提出因本案中吴某某的农用三轮车未投交强险。根据法律规定的机动车致人损害，吴某某首先应在机动车第三者责任强制保险责任限额范围内赔偿李某某的损失，在此范围不存在责任划分问题，故吴某某应在此范围内承担全部责任，也就是说吴某某应承担交强险范围内的赔偿费40352.7元。超出机动车强制保险责任限额部分，再按过错责任承担。

2012年5月17日，县人民法院作出判决书，判决吴某某支付给李某某42178.54元。此判决支持了援助律师的观点，即吴某某承担交强险范围内的赔偿费。

2012年8月3日，李某某的全部赔偿款已到账。那天，李某某高举“匡扶正义、为民服务”的锦旗送到县法律援助中心，激动得不知说些什么，只是简单地重复“感谢、感谢”！

专家解析：

本案作为一起机动车交通事故责任纠纷案件，应该说是一起很普通的案件，但难点在于如何让受援人得到最大且合理的赔偿。承办人员在分析案情、调查取证方面做了大量细致的工作，提出合理诉讼请求。

根据伤残鉴定结果，确定伤残赔偿金，争取法院的支持。此案虽然历时两年多，四次开庭，历经波折。但法律援助律师有始有终，为了使受援人得到优质法律服务，主动参与调查取证、代理起诉、参与调解等活动，最后有力地维护了受援人的合法权益，受到了受援人的好评。

残疾人是社会的弱势群体，他们在遇到法律纠纷时，普遍存在咨询难、请律师难、打官司难、支付法律服务费难等问题。随着残疾人参与社会生活日益广泛和法律意识的觉醒，这一问题日益突出。为此，各地法律援助中心把维护残疾人的合法权益当成法律援助工作的一项重要内容，从工作实际出发，按照“应援尽援”要求，积极探索多项举措，为残疾人提供优质、高效、便捷的法律服务，切实做好残疾人维权工作，有效保障了残疾人的合法权益。

20.下岗工人摔残可以申请法律援助吗？

案例：

2011年8月末，杨某、王某等三人准备采集他们共同出资承包的红松果，于是由王某找了十余人，其中包括李某某，双方口头商定每袋给100元工资。2011年9月3日，李某某等人上山开始采集，杨某等人承诺采集结束后给所有雇员发工资。9月15日，当采集到杨某名下的山场时，李某某不慎从树上摔下，造成急性颈髓损伤，杨某等人支付部分医药费后，就不再支付任何费用。

李某某的母亲、妹妹来到市法律援助中心，代理李某某申请法律援助。经查李某某是下岗工人，早就离婚，现与80多岁的老母亲共同生活，因此次受伤造成瘫痪，没有劳动能力，县法律援助中心受理了此案，并指派援助中心的律师为其代理。

律师详细询问了当事人，查阅了相关资料，发现虽然李某某已残疾，但法律规定必须在医疗终结后，也就是病情稳定后方可评残，所以他应在半年后方可做残疾等级鉴定。为了防止杨某等人转移财产，律师向其建议先进行诉讼财产保全。李某某的亲属听从了律师的意见，先到基层人民法院立了案，保全了杨某等三人所有的工资、房屋、红松果及其山场。

因李某某已瘫痪，和80多岁老母亲共同生活，没有生活来源，也无护理，在等待鉴定的期间，母子俩无法生活。故律师多次与杨某等人协商，希望能先支付生活费，可是他们都不同意支付生活费。故律师申请法院将就地保存的红松果变卖，得款17万元。律师又代李某某申请先予执行，得了法院的认可，裁定先支付李某某7万元的生活费。

2012年3月19日，李某某受伤已过半年，律师代理他提起了关于残疾等级、后续治疗费、误工时间、护理人员及天数的司法鉴定。2012年4月5日经司法鉴定机构出具了李某某为一级伤残、完全护理依赖等鉴定结论。

在庭审中被告杨某等人提出“双方没有书面协议，且原告是由被告王某找的，所以不应赔偿”，对此说法，代理律师提出：“虽然三被告说没有与原告签订书面劳务协议和口头劳务协议，但三被告都已承认是被告王某找的原告李某某，且所有的雇工都是由王某找来的，承认原告李某某自2011年9月3日开始上山，直到9月15日发生意外，都一直在在三被告共同承包的山上工作，这一切足以证明三被告与原告形成了事实的劳务关系。所以三被告与李某某之间存在雇佣关系，三被告是雇主，李某某是雇员。”

被告又提出：“因李某某在上树的前一天喝酒，吃止痛片，戴手套上树，所以李某某存在过错，对其受伤应当承担一部分责任。”对此，代理律师提出：“被告对此陈述没有任何证据，故法院不应采信。而事实是李某某受到的损害是由其不慎行为造成的，他在上树采松果过程中，不慎从树上摔下，在此情况下，李某某仅对自己的安全有所疏忽，过失程度是轻微的。李某某摔伤不是因为其不当行为引起的，如果李某某在山上采松果时，与他人嬉耍、打闹因而摔伤，则可以认定具有重大过错。但事实显然不是如此。因此，李某某本人并不存在重大过失，被告依法应当承担全部赔偿责任。”

2012年6月2日，基层人民法院作出判决，判决被告杨某、王某等三人共支付给李某某70余万元。此判决支持了援助律师的观点，极大地维护了受害人的利益。

专家解析：

根据《吉林省人民政府办公厅转发省司法厅关于制定公民经济困难标准和法律援助事项补充范围意见的通知》规定，“没有固定收入的残疾人应被认定为经济困难，属于法律援助对象。残疾人请求人身损害赔偿的案件属于法律援助受案范围；”本案中受援人原是下岗职工，早已没固定收入，现受伤致残，为获得赔偿而请求法律援助，所以法律援助中心受理了此案。

吉林省长白山林区有大面积的红松果林，徒手攀爬高达10–25米的红松树,并将红松果采集下来,是一项高危险性的工作。在一个县,仅2011年就有5个人因采集松子从树上摔下受伤。因松子采集权都是个人承包的,所以采集松子都不签劳动合同,一旦发生事故,雇主大多不承认雇佣关系,并且会转移财产以逃避赔偿责任。在本案的诉讼代理过程中,承办律师向原告提出了财产保全、先予执行申请的法律意见,其针对性、及时性的把握可谓正当其时。使原告能及时治疗和生活,在判决生效后就拿到了40余万元的赔偿金,并可执行被告的工资,保证了当事人能真正获得赔偿款。

21.受雇致残可以申请法律援助吗?

案例:

2007年4月1日,刘某雇佣王某为货车司机,王某每天到水泥厂为刘某开车运输水泥,双方没有签订劳动协议,只是口头说好,一个月工资3000元,王某负责开车。2007年4月9日上午,王某到水泥厂运输水泥,水泥厂的装车工装好水泥后,王某上车去盖苫布时,发现水泥袋装得不平整,王某就借用水泥厂的撬棍整理水泥袋时,撬棍折了,王某从车上摔落,造成颈椎外伤。医院诊断为急性颈髓损伤伴完全瘫痪,王某经过5个多小时的抢救,终于脱离了生命危险。在区医院住院97天,王某家花光了所有的积蓄,还欠下了4万元的债务,但是因王某的损伤伴完全瘫痪,继续治疗费还需要2万多元,王某不得不出院。在王某住院期间,刘某只支付了一万元的医药费就拒绝再负担医药费,王某的妻子几次找刘某索要,刘某认为他雇用王某是为开车,装水泥有装车工,王某不应当上车整理水泥袋,为此不承担责任,拒绝赔偿。王某的妻子本来身体就不好,一直没有工作,女儿只有12岁,王某受伤瘫痪后,妻子更不能外出打工,只能在家护理王某,一家三口依靠最低生活保障金生活,在无钱医治和求助无门的情况下,王某妻子到社区办理城镇最低生活金时,看见社区里有法律援助咨询,她抱着试试的态度进行了咨询,法律援助联络员一听王某家的情况就告知王某妻子可以申请法律援助。

王某的妻子来到了区法律援助中心，向律师哭诉了丈夫因打工受伤住院治疗所处的困境及全家人的艰难生活,说完她已是泣不成声,区法律援助中心当即决定为王某提供法律援助，并指定援助律师为其代理。援助律师对案情进行了详细地了解,为了尽快使王某获得赔偿,继续治疗,律师当天就代王某提起民事诉讼,并协调法院办理了缓交了诉讼费手续,又向办案法官介绍了王某身体及家庭经济情况,催促法官尽快排期开庭,办案法官也十分同情王某,从立案到开庭只用了20天。由于被告刘某是个体无证业主,没有固定的经营场所,而事故发生时所在现场的装车工也都是临时被雇佣的人员,他们也没有固定的工作场所,这给取证工作带来了极大的困难。援助律师顶着炎炎烈日,克服了各种困难,做了大量的调查取证工作。到事故发生现场收集证据,找当时的装车工了解情况，找和王某同样运输水泥的司机调查，是否需要司机上苫布，摆水泥袋？

在庭审上，刘某又一次提出王某受伤是因为从事职责外工作而致，所以不应赔偿的理论。援助律师用大量事实指出，虽然只是雇王某开车，但其整理水泥袋的行为是履行与职务相关的工作，雇主应当赔偿。刘某对赔偿数额提出了异议，援助律师就此提出对王某的伤残等级、医疗终结时间、护理人数及天数、后续治疗费等情况作司法鉴定。后经司法鉴定，王某的本次损伤为三级伤残。刘某又提出没有钱支付赔偿金，针对被告刘某没有固定经营场所和收入状况不明的情况，为了尽快拿到赔偿金，使王某能进行康复治疗，援助律师与法院做了大量的调解工作，促成了双方和解。最后在法院主持下，援助律师代理王某与刘某达成调解协议，刘某赔偿王某 32 万元，案件受理费 3790 元由刘某承担。

专家解析：

区法律援助中心在各大社区都设有法律援助联系点。为困难群众进行法律解答，发现符合法律援助条件的当事人，引导他们申请法律援助，扩大了法律援助的宣传面，使更多的困难群众获得法律援助。

此案是一起由雇佣关系引发的人身损害赔偿案件，由于雇主是无工商执照的个人，没有固定收入，经济状况不明确，就是法院判决后也很难执行。因为已经有很多雇工出事后状告无门，即便胜诉也难以获得赔偿的案例。本案中，援助律师积极促成调解，使因工受残的困难家庭及时得到了损害赔偿金，避免了累诉，较好地维护了残疾人的合法权益。

22.与村委会发生纠纷也能申请援助吗?

案例:

2011 年 10 月 6 日,法律援助中心接到信访局的电话,说有一位残疾妇女因村委会将其房屋拆除而天天上访,并多次找到县领导,信访调解无果,所以请求法律援助给予帮助。法律援助中心立即启动应急机制,指派援助律师去调查。

援助律师当天就找上访人李某及其亲属了解情况,原来在 1990 年上访人李某一家六口人搬到了红石村,购买了同村村民的房屋,就将全家的户口落在了此村,办理了房屋产权证,产权证所有权人为王某即李某的丈夫。2001 年春天,李某夫妻为了买车拉砂向三人借款 5 万元,其中向赵某借款 1.2 万元,王某与赵某签订了借款合同,约定借款期限为 3 个月,并将王某名下的房屋做抵押,王某如到期不能归还借款,就将房屋给赵某。合同签订后,赵某借给王某 1.2 万元,王某将房屋的产权证交给了赵某,但双方未办理房屋抵押登记手续。王某夫妻买车拉砂干了不到两个月就发生了交通事故,王某负事故的全部责任,将车赔偿给了受害人,并且李某也因此事故造成左腿骨折,花了 1 万多元医药费。李某出院后,债主纷纷上门,可是王某家已负债累累,没有偿还能力。2002 年春节前一天,王某一家为躲债将房屋锁好,只拿了些随身的衣物跑到外地。

2003年,赵某以借款纠纷将王某诉至法院,因王某下落不明,法院在王某缺席下进行审理。2003年6月,法院作出了民事判决书,判决王某支付赵某1.2万元,房屋抵押无效。2004年10月,红石村民委员会为了修村道,要拆除王某的房屋,村委员找到了赵某,与赵某签订协议,约定"赵某同意拆除王某的房屋,红石村给赵某一个宅基地。"协议签订后的第二天,村委会就将王某的房屋拆除了。赵某在红石村给的宅基地上新建设了房屋,因赵某不是红石村村民,所以红石村将原来王某所有的房屋号给了赵某,赵某新建设房屋登记的产权人是王某。

为了挣钱,王某一家人到处打工,可是一直没有存下钱,也没有还清债务。2010年,王某被检查出患尿毒症,现已是晚期,李某因车祸腿残疾,并有多种疾病,俩人没有任何经济来源。2011年夫妻二人回到红石村才发现自己家的房屋已被拆除,只好暂住在亲属家,现在,王某卧床不起,李某就上访要求红石村给他们房屋居住。

援助律师向法律援助中心汇报了王某夫妻情况,信访局、镇政府等部门也出具了王某夫妻经济困难的证明,援助中心决定受理此案,援助律师首先对他们进行了劝说,稳定了他们的情绪,因红石村不同意给王某二人提供房屋。在律师的劝说下,李某及其亲属同意走诉讼程序,律师代其向人民法院提起以红石村为被告的财产损害赔偿民事诉讼。

在庭审中,红石村委会认为,王某应当支付赵某1.2万元的事实已被法院认定,王某向赵某借钱时,已说明如还不上钱,用房屋抵,所以房屋应当是赵某的。且王某的房证及土地证都在赵某手中,赵某就是房屋所有人,找不到王某,他们与赵某达成的协议。房屋是赵某同意拆除房屋的，如要赔偿也是赵某赔偿王某，红石村不应赔偿。

律师对此进行了反驳，房屋所有权是以登记为效，所有权证上的名字是王某，赵某无权对此房屋处理，在2003年法院关于王某与赵某的借款合同纠纷中，判决书中明确写着“因没有做抵押登记，房屋抵押无效”，也就是说王某欠赵某1.2万元已被法院认定，但王某的房屋没有被认定归赵某。根据我国法律规定，房屋所有权是以登记为主，房屋产权证上的所有人是王某，所以房屋所有人就是王某，而不是执证的赵某，村委会与赵某签订的协议是无效的。根据《中华人民共和国侵权责任法》的第六条规定，“行为人因过错侵害他人民事权益，应当承担侵权责任。”房屋是被红石村委会拆除，应由村委会赔偿。另因房屋已被拆除，且原房屋的土地已成为村道，没有办法恢复，只有要求折价赔偿。律师代王某提出对房屋做评估鉴定，得到了法院的支持。经鉴定，王某被拆除的房屋价值为38000元。

2012年2月人民法院作出了判决，红石村村民委员会赔偿给王某38163元。终于，王某夫妻的合法权益得到了保障。

专家解析：

当前正值社会转型期，各种社会矛盾日益凸显，政府面临着巨大的信访压力。在信访案件中，涉法涉诉信访所占比例较大，其中很大一部分案件的当事人是亟须法律援助的弱势群体。这种情况下，法律援助的介入既能引导群众依法信访，也能树立政府的良好形象。在我国，有很多地区的法律援助中心都建立了信访应急机制，对符合法律援助条例的上访人都纳入了援助范围。

本案中的当事人因房屋被拆除，生活非常困难，与红石村民委员会不能协商解决赔偿问题，而采取过激的手段，多次上访，拦截县领导，造成恶劣的影响。法律援助中心能够及时启动应急机制，援助律师能及时与上访人沟通，引导当事人走正常的诉讼程序，圆满地解决了赔偿事宜，成功化解此信访案件，真正做到了上为政府分忧，下为百姓解难的作用。

23.政府可以指派法律援助案件吗？

案例：

2010 年 11 月份，某林业局某林场的工作人员雇佣陈某某等人拉木材，并清理伐区剩余物，但没有和陈某某等人签订用工劳务合同。2011 年 1 月 27 日木材生产结束，林场借资 4 万元支付了工资。2 月初，按林业局规定“采伐作业后剩余物都要集中下山场”，故林场工作人员又雇用陈某某等人将伐区剩余物拉下山，并答应干活的每个人只给一车伐区剩余物当烧材。2011 年 2 月 8 日开始上山拉剩余物，2 月 17 日—22 日期间陈某某等 16 人凭林业局发放的“伐区剩余物临时发放小票”将 16 车烧材拉回家。16 车拉走后还剩余了一些桠枝材，林场自己拉走了两车桠枝材后，陈某某等人看见山上还有一些桠枝，就和林场的工作人员商量，要求再拉一些桠枝回家当烧材，工作人员又同意干活的人可以二三家拉一车烧材。因山上有冰、道滑，2 月 27 日干活的人都下山。

3 月 5 日、3 月 6 日部分人员再次上山拉烧材，陈某某就是其中一员。3 月 9 日陈某某等 6 人上山拉烧材，可是在上午 10 点时，工友发现陈某某死在桠枝材后面，经法医鉴定，陈某某系被钝性物体剧烈撞击胸部，导致心脏根部离断而死亡。即陈某某是因为走在牛的旁边，被牛拉的大桠枝撞到胸部而死亡。陈某某的妻子王某等家人认为陈某某是因工死亡，向某林业局要求待遇，而某林业局认为陈某某华是私自进入伐区捡烧材，属于个人行为，不应由林业局承担相关责任。

2011 年 3 月 11 日，王某等 18 人因陈某某死亡事件到市政府集体上访，引起了市领导的高度重视，责成相关部门组成调查组解决此事，市法律援助中心立即启动应急机制，受政府指派参与此信访案件。经审查，陈某某之子不足 1 岁，王某没工作，现陈某某死亡，王某家已没有经济来源，根据《法律援助条例》，中心决定给予王某法律援助，当场指定援助律师代理此案。

援助律师首先慰问了王某及其亲属，然后与他们进行商谈，稳定他们的情绪，取得了他们的信任，并告诉他们因双方没有劳动合同，不能明确陈某某的死亡是否为工伤，应当到法院去确定。在律师的劝说下，王某及其亲属终于同意走诉讼程序，援助律师当天就代王某等人以林业局为被告提起了生命权、健康权损害赔偿案的民事诉讼。在立案后，援助律师又找到与陈某某共同干活的 16 人，分别做了调查笔录，并在第一时间将证据与法官进行了沟通，与法官达成了共识。又和法官一起三次找到林业局的负责人进行协商，向他们指明虽然林业局没有与死者陈某某签订用工合同，但两者之间已形成事实的劳动关系。现在林业局也无法证明陈某某的行为是个人行为，作为雇主方应承担赔偿责任。就算林业局不是雇主，拉桠枝材是伐区木材生产整体工作的环节之一，所以林业局也应是受益方，法律规定受益方也应给予适当补偿。在律师坚持不懈的努力下，林业局同意部分赔偿，经过多次协商，在法官的主持下，双方达成了调解协议，确定由林业局于调解当天支付给王某及其儿子等人16万元的赔偿金，案件受理费由林业局承担。

专家解析：

信访是宪法、法律赋予公民、法人和其他社会组织的民主权利，维护公民、法人和其他社会组织的信访权利，是各级行政机关应尽的职责，为了帮助信访中的弱势群体，我国多数地区建立了法律援助与信访工作的联动机制、应急机制，实现法律援助与信访工作无缝对接，上访人如果符合法律援助的条件，经审查后，法律援助中心会给予以法律援助，依法维护其合法权益。

本案中的当事人因亲人去世，无法与林业局协商解决赔偿问题，而采取过激的手段，组织大量人员进市上访，造成恶劣的影响。法律援助中心能够及时启动应急机制，援助律师不仅耐心地对上访人解答法律问题，安抚他们的情绪，而且对于这起不便于通过行政手段解决的，更适于走司法途径解决，需要通过诉讼解决的上访问题，进行了正面引导，使他们走正常的诉讼程序，并按照法律援助的规定，为其提供了法律援助服务，成功地化解这件集体信访案件。

24.群体上访如何做好法律援助？

案例：

2008年春季，某镇149户农民在镇农业站购买并种植了市农科院水稻研究所生产的“24号”水稻种子，到了秋收季节，大面积发生了稻瘟病，使这些农民不同程度地遭受损失，而在同一地区，种植“12号”水稻种子的地块没有发生稻瘟病，所以，部分农户到镇农业站要求赔偿。同年9月29日，市农科院、县种子公司、县农业技术推广总站，县农业局执法大队组成联合调查组进行调查，认定种子是经有关部门审定的，不是假种子，但是确实易感稻瘟病，而当年正是稻瘟病泛滥年份。联合调查组协调经销商与农民调解，但因赔偿数额问题未达成协议，导致农民多次上访。2009年1月17日，二百多农民到县政府上访请求帮助解决赔偿问题，县人民政府主管政法的领导责成县法律援助中心为受损失农民提供法律援助，法律援助中心立即指派援助律师受理此案。

针对上访农民人数多，损失严重的情况，承办律师对上访农民进行了政策、法律宣传，疏导上访农民走诉讼程序，上访农民同意到法院诉讼解决。承办律师对每一户受损农民都进行了详细询问，计算出受损数额，同时调取了“24号”水稻品种的宣传资料，经过大量的调查取证，承办律师发现“24号”品种是审定通过的品种，但在审定及销售中存在以下问题：

1.在调取的审定材料中，专业委员会审定意见是，“该品种符合审定条件，通过审定，达到国内同类研究先进水平、适合在我省早熟和中熟区种植。存在的问题是个别年份稻瘟病发生重，应注意药剂防治”。

2.在调取的审定材料中，省农科院对“24号”品种的抗瘟性做了鉴定，结果表明，“苗瘟表现中抗(MP)，叶瘟和穗瘟均表现感病(S)”。

3.调取了“24号”种子标签，标签对种子特性标注了“抗病”。

4.调取了2005年销售的“22号”种子标签，标签标明了个别年份稻瘟病发生重，注意药剂防治。

5.在市农科院网站上下载了“24号”和“22号”种子品种介绍。在下载的材料中，“24号” 存在的问题与专业委员会的审定意见是一致的，即个别年份稻瘟病发生重，应注意药剂防治。下载的“22号”的抗逆性是：人工接种时表现为易感(S)，叶瘟中(MP)，穗瘟中感(MS)。从“22号”与“24号”抗逆性比照来看，“22号”比“24号”要强，也就是抗病性好。但是“22号”标签标注注意药剂防治稻瘟病，而“24号”标注的是抗病，这足以说明“24号”标签标注的内容与种子的内在质量不符。

6. 镇农业站不具备法人资格，2008年3月1日其与县种子公司签订的种子委托代销协议，并办理了委托代销登记证，故镇农业站不具备主体资格。

基于诉前调取的证据及发现的问题，承办律师为149户农民提供法律援助，以县种子公司为被告，以种子公司在销售过程中没有向农民说明种子的弱点及存在的问题，误导消费者为由诉至县人民法院。县种子公司辩称：没有向原告出售种子，不应成为被告；该种子是经有关部门审定的种子，无瑕疵；种子得病，纯属自然灾害。

县人民法院依照《种子法》第三十二条、第三十五条、第三十七条、民法通则第一百一十二条第一款的规定，于2009年8月24日作出判决：作为种子经营者的被告，应承担出售种子简要性状说明不实给原告造成损失的民事赔偿责任，赔偿数额按灾情联合调查组核实确认的数额予以赔偿。通过诉讼，149户农民获得60余万元赔偿。

专家解析：

目前，各省市出台的《法律援助条例》，根据各省实际，都进一步扩

大了援助范围，特别是对涉农案件予以了明确规定，可以直接援助，

本案属于涉及农民人数众多，社会影响大的坑农害农案件，149户农民合法权益受到侵害时，不知如何依法维权，索赔遭拒，诉求无门，形成群体性上访事件。县法律援助中心及承办律师积极发挥职能作用，主动引导农民通过法律途径，依法理性表达诉求，成功化解了矛盾，有效地维护了众多农民的合法权益，维护社会和谐稳定，赢得了县政府领导的好评和广大农民的赞誉。

据调查，种子标签与种子性状不符是目前种子生产和经营者常犯的“错误”。有的生产者说：大多数种子标签都是与种子实际性状不同，如果按种子的实际性状标注，特别是实事求是地指出种子存在的缺陷，那么种子根本就销售不出去，所以不得不在标签上做些文章。有些经营者认为，种子标签的内容与经营者无关，经营者只是代销，出现问题也与经营者无关，正是生产者和经营者的错误认识，导致假种劣种“泛滥”，严重地损害消费者的合法权益。

25.集体林地转让纠纷由政府指派援助对吗？

案例：

2005年9月30日，七口村村民委员会和沈某签订了林地有偿转让经营合同书。合同约定，七口村将位于七口村前山集体所有的林地有偿

转让给沈某，林地面积65公顷，蓄积4512立方米，有偿转让期限为50年，转让费为20776元。

沈某签订合同后，就在此林地进行了改河道、挖林蛙池、盖房屋、种树等经营活动，并对部分林地办理了25立方米天然林的《采伐许可证》。2005年12月，沈某在这块林地内超采天然林365棵，合立木材积为65立方米。2006年11月27日，区人民法院判决沈某犯滥伐林木罪，判处有期徒刑，并处罚金。

七口村村民以沈某擅改河道、转让费低等理由多次到区政府上访，请求解除林地有偿转让经营合同书。在区委副书记和副区长的指示下，区法律援助中心受理此案，指派律师为他们提供法律援助。承办律师详细询问了上访村民，到法院调取了沈某的刑事判决书，查阅了林地有偿转让经营合同书等材料，决定走法律程序。以七口村村民委员会为原告向区人民法院提起诉讼，依据双方签订合同中的第六条违约责任第二项约定，“乙方不履行合同规定，违反林业法规，甲方有权收回经营权”，请求解除与沈某合同。在庭审中被告沈某辩称：被告与原告履行合同并不存在严重违约，虽被告在采伐中因管理不善造成超采，同时已接受了处罚并不导致合同目的无法实现，原告无权解除承包合同。

2007年3月25日，区人民法院作出民事判决，判决认为被告沈某的行为违反了合同约定，应当解除合同。沈某不服判决，上诉于市中级人民法院，经中级法院调查调解，沈某撤诉。2007年5月20日，沈某向区人民法院提起诉讼，要求七口村村委会赔偿损失1274102元。因为沈某在该处林地的投资，在合同中规定的期限可升值至100余万元。在庭审中承办律师提出合同的解除是由于沈某的违约，七口村村委会应只对沈某的投入进行返还。双方经调解于8月28日达成协议，由被告七口村村委会赔付沈某15万元，沈某将林地返还给七口村。2008年4月8日，七口村村委会给区委副书记、区法律援助中心分别送来了锦旗，感谢他们维护了集体的合法权益。

专家解析：

政府指派是法律援助范围的一项创新，在本案中，七口村村民由于自然、经济、社会和文化方面的低下状态，难以像正常人那样化解矛盾，从而陷入困境，属于处在不利社会地位的人群或阶层，这也就是所谓的弱势群体。因此，在实际工作中，对于这样的政府指派援助的案件，援助律师可以接案。

集体林地买卖纠纷在各地农村发生过多起，在此案中援助律师没有从合同签订的程序上入手，而是以被告违约为切入点，成功地解除了林地有偿转让经营合同，并且在清算中，以赔偿投入为依据，最大限度地维护了集体的合法权益，使一起涉法信法案件圆满解决，赢得了政府领导和广大人民群众的赞誉。

集体林地转让纠纷多发的主要原因是村民没有认识到林地具有的巨大升值潜力，以较低价格出售，在别人经营取得收益或已有升值表现时，才感到后悔，然后以各种理由到各级政府上访，要求解除合同。本案被告之所以败诉是他所签合同条款有误，否则的话，败诉的就是村民。所以，在集体林转让中，一定要履行严格的程序，必须经全体村民集体同意，并报上级主管部门同意，合同要有法律专业人士审核。另外，在生产经营中要严格遵守法律规定，适当照顾村民的利益。

第三章 非诉讼法律援助案件

1.非诉讼案可以援助吗？

案例：

2009年8月1日晚，某镇砬子村一户农家传来了悲怆的哭声，刚从田里回来的邻居们纷纷来看，原来是陈某家年仅八岁的儿子在附近的沙金坑里游泳时淹死了。看着泣不成声、悲痛欲绝的陈某和妻子，不少妇女也抹起了眼泪。七嘴八舌的声讨起这些吃人的沙金坑，原来，这些沙金坑是非法采金者留下来的，非法采金者用几天时间就能采完这片地区的金子，留下沙金坑就跑掉，沙金坑也没人管了。到了夏天，孩子们就三五成群去戏水，但水太深了，几乎每年都有儿童溺水死亡。有个老太太掐指算了一下，算上今天这个，这六年一共有七个孩子被淹死了。听到这里，陈某的妻子说：那么就没人管一下，孩子们就这么白死了。老太太说，没人管，这采金的都跑了，谁管！有一个曾在外地打工的妇女说，肯定有人管，听说法律援助就能管。她的话给了陈某夫妻带来了希望。处理完孩子的后事，陈某夫妻俩就联系了那六家溺水者的父母，一起去县政府。

2009年8月15日，陈某等七人来到县法律援助中心，就七名儿童溺水身亡一事，申请法律援助。中心受理其申请后，当即批准了此项申请，并指派了有着丰富办案经验的援助律师办理此案。面对本案的特殊案情和本案的产生结果将对当地社会产生较大影响这一情况，援助律师受指派以后，对该案涉及的法律问题进行了深入的研究，他们几次到镇里实地调查造成溺水事件的沙金坑，向公安机关调取了相关资料，并向受害人亲属做了调查笔录。经过走访与调查取证，取得了大量第一手相关资料。

溺水事故发生的镇是本县金矿资源较丰富的地区，多年来有许多企业和个人在该镇非法挖砂采金。但由于金矿开采者安全意识淡漠，受利益驱使，忽视企业的安全管理，在金矿开采作业后未对遗留的沙金坑内进行回填，形成了严重的安全隐患，给国家、集体、人民群众的利益带来很大损失。仅六年间就有七名儿童在沙金坑内溺水身亡，事故发生后，由于开矿企业和个人无法查找，受害儿童家属状告无人、索赔无门。

援助律师根据有关法律，认为在此事件中虽然开矿者应占主要责任，但镇人民政府作为主管机关，对开矿者监督管理不利，对安全隐患没有及时采取相应措施，负有一定的责任。2009年8月25日，援助律师向县领导汇报了此案，领导指示先进行调解处理，调解不成，可以提起诉讼。

为此，援助律师多次与镇政府及受害人家属协商，向镇政府讲明：镇政府对采矿形成的“沙金坑”不闻不问，对孩子们到那里游泳也无人管理，先后引发了溺水事故，属于未能尽到政府应尽的管理义务，造成原告七人家庭因此遭受了损失；向受害人家属讲明：这些溺水者均为未成年人，未成年的监护人是其父母，孩子去危险的地方游泳，父母没有尽到监管责任，对孩子溺水应该承担主要责任。

在援助律师的努力下，最终促使镇人民政府分别与七名受害儿童家属达成赔偿协议，赔偿每家三万，受害人家属比较满意，表示不再为此事上访。

专家解析：

本案中，受害人均为未成年人，其父母收入较低，多数因失去孩子而患有各种大病，均属法律援助对象。加之此案影响较大，一旦任其上省进京去上访，不但政府声誉受影响，而且不利于矛盾纠纷的化解。所以，应该对此案进行援助。

本案中，申请人能成功获得赔偿的关键在于，援助律师在第一时间搜集了大量有利的证据，成功地说服了镇人民政府。另外，律师的身份，对受害人家属产生信任感，能够听从律师有理有据的解释，最终促成双方达成协议，使七个家庭获得了应有的赔偿。

本案的成功办结，一方面很好地维护了陈某等七个家庭的利益；另一方面，更是对镇政府等管理者起到一个警示作用，促使他们为维护广大市民的生命安全做出更多努力。此案办结后，在当地政府产生很大反响，政府出资填埋了所有的沙金坑，杜绝了此类案件的发生。

2.医疗事故行政调解可以申请援助吗？

案例：

孕妇王某于 2009 年 4 月 15 日，入住某大学第一临床医院妇产科待产。同年4月30日上午9时50分许，孕妇王某剖宫产娩出一男婴。由于男婴系早产儿，经该院儿科会诊以后，转入儿科病室，予以置恒温箱、抗感染补液等对症支持治疗。

2009年5月10日，由于男婴生命体征平稳，主治医生通知家属，男婴将于5月15日上午出院。

2009年5月15日早上8时20分许，男婴突然全身皮肤发绀、呼吸微弱表浅、面色苍白，出现四肢张力低、松弛等症状。医务人员立即对患儿给予抢救治疗，但因患儿无明显好转，病情越来越重。早上9时20分左右，男婴的父亲孙某向120急救中心电话求助。患儿当日上午10时05分左右到达省医院新生儿科时，已经不行了。尽管省医院医务人员对患儿进行抢救，但是，最终确因患儿病情极重，而不治身亡。

事件发生后，婴儿父母悲痛欲绝，怎么也无法接受这个残酷的现实。悲伤之余，他们对儿子的死始终耿耿于怀，并多次找人咨询。后来他们得知，儿子的死与医院的诊断、治疗有关，于是到第一医院去找，但无人理睬。走投无路之下，2009年5月27日，婴儿的父亲孙某、母亲王某来到市法律援助中心，根据他们的请求及委托，援助中心决定向他们提供法律援助，指定了援助律师，并办理了相关手续。

在交办时，中心主任特别提醒援助律师：此案影响较大，医患双方力量悬殊，要更多地投入时间和精力仔细研究分析案情，切实维护受援人的利益。针对案件的特殊性，法援中心领导和援助律师多次进行讨论与分析，同时，邀请有此类办案经验的律师共同探讨，制定援助实施方案，设想可能遇到的种种难题。援助律师就本案相关问题多方讨教医学专家，仔细查找和调取与本案有关的证据材料，详细了解和掌握患者入院前后的病情及母婴产前的健康状况等每一个环节，调取病历进行分析研究后认为，医方存在“诊断不确切、治疗不到位、抢救不及时”的错误，对男婴之死应承担不可推卸的责任，遂代理申请鉴定。

2009年5月30日，援助律师代理受援人依法申请市卫生局委托市司法鉴定中心对男婴进行尸体解剖。6月28日，市司鉴中心给市卫生局出具了《法医学鉴定书》。7月30日，援助律师以《法医学鉴定书》为依据，依照《医疗事故处理条例》的相关规定，代理孙某夫妻向市卫生局首次申请"医疗事故技术鉴定"。9月7日，市医学会出具了一份《医疗事故技术鉴定书》。鉴定结论为"本病例不属于医疗事故"。

10月11日，受援人对鉴定结论不服，援助律师再次通过市卫生局向省医学会依法申请再次医疗事故技术鉴定。2010年3月22日，省医学会给市卫生局出具了一份《医疗事故技术鉴定书》。鉴定结论为"本医疗事件构成一级甲等医疗事故，医方负次要责任"。

自2010年4月7日开始，援助律师代理求助人孙某、王某夫妻依法申请市卫生局对本案的损害赔偿组织调解，以节约民事诉讼资源，提高处理医患纠纷的效率。2011年5月11日，几经艰苦努力以后，终于以患方孙某、王某的代理人身份与第一医院签订了医疗纠纷调解协议书。医方向患方一次性支付人民币陆万元整。医患双方今后都不再就本次医疗事件予以追究。

经历了长达一年之久的患方孙某夫妻与医方第一临床医院之间的"一级甲等医疗事故"损害赔偿纠纷，在没有向法院提起民事诉讼的前提下，最终以平等协商处理的方式得以彻底解决。

专家解析：

按照扩大法律援助范围的有关规定，凡涉及医疗事故、交通事故、工伤事故赔偿和其他确需法律援助的事项，都可以向法律援助机构申请法律援助。本案中受害人为未成年人，而其父母确实贫困，故法律援助中心受理了他们的申请。

本案中援助律师并没有采用诉讼的方法进行处理，而是采取行政调解的方法。因为发生医疗事故民事争议，当事人可以采取三种方法处理：

一是与医疗机构协商解决。当事人自愿与医疗机构协商解决医疗事故赔偿争议的，应当制作协议书。协议书应当载明双方当事人的基本情况和医疗事故的原因、双方当事人共同认定的医疗事故等级以及协商确定的赔偿数额等，并且双方当事人在协议书上签名。

二是向医疗机构所在地的卫生行政部门提出调解申请。已经确定为医疗事故，并且当事人与医疗机构不愿意协商或者协商不成向卫生行政部门申请调解的，卫生行政部门可以进行医疗事故赔偿调解。调解应当遵循当事人自愿原则，赔偿数额应当根据《医疗事故处理条例》的规定计算。经调解，双方当事人就赔偿数额达成协议的，制作调解书，双方当事人应当履行；调解不成或者经调解达成协议后一方反悔的，卫生行政部门不再调解。

三是向人民法院提起民事诉讼。发生医疗事故后，当事人不愿意协商或者协商不成的，可以不经卫生行政部门调解，直接向有管辖权的人民法院提起民事诉讼，通过法院的判决维护自己的合法权益。

3.农民工讨薪调解案能申请援助吗？

案例：

2012年3月，曹某、孙某等37名农民工在某某公司承建的高速公路一标段的混凝土班组从事施工工作，该项目负责人权某承诺待工程项目顺利完工并通过验收后即给付工资。2012年11月该项目完成竣工验收，某某公司随即将总工程款的百分之八十支付给项目负责人权某，但权某因赌博欠下巨额高利贷，在领取工程款后未支付工资就携款失踪，37名农民工在得知消息后，便聚集到某某公司讨要工资，要求遭拒后双方多次发生冲突。

2012年11月13日，37名农民工到区政府上访，区党委政府高度重视，立即成立了由区委、区政府分管负责人任组长，公检法司、劳动人事及土管等部门负责人为成员的专门工作组，全力以赴开展相关工作。区司法局指定区法律援助中心具体负责此案，当37名农民工来到法律援助中心后，中心主任带领全体共六名律师以及工作组的成员，共同接待了他们。考虑到他们的情绪较不稳定，引导他们在大会议室坐好，对他们进行一番疏导后，提出了两点要求：一是农民工按自身从事的工作分成班组并推选出班组代表配合援助中心进行依法维权；二是在场农民工详细列出工作量、单位工作报酬，并随其他法律援助所需资料一起交由代表集中。同时当场向所有农民工承诺：“请大家安心回工地等一等，援助中心一定积极为大家讨回这些工资”。

当天下午，副区长召集会议，与专门工作组和法律援助中心全体人员，讨论如何尽快让农民工得到工资。大家针对上午的情况进行了讨论，结合当前收集到的证据，大家均赞同以调解为主，诉讼为辅的方式能最快将所欠工资落实，并责成公安局尽快抓捕权某。在主要方向定好之后，将工作组和援助律师分成两组：一组负责与某某公司联系协调，另一组负责代理农民工进行诉讼，经过多方联系和向法院起诉等方式向某某公司施压，争议双方同意进行调解。

在第二天的第一次调解中，农民工代表群情激愤，坚决要求某某公司足额发放工资，某某公司一再表明自己工程款已全部拨付给权某，只是权某没有对农民工工资进行结算就将钱全部卷跑，与公司无关。双方争执不下，鉴于此情况，工作组和援助中心工作人员在安抚双方情绪的同时，采取与农民工班组代表及公司负责人单独沟通的方式进行调解，在对某某公司负责人进行说服劝导后，希望公司从实际情况出发，本着维护稳定的局面，妥善解决农民工工资，并建议某某公司拿出该项目的部分质保金，用来先行垫付工资。某某公司不同意，建议让公安局先抓捕权某，由权某支付。援助中心在 10 天内与双方经过三次协商后，终于达成了调解协议。

因项目负责人权某去向不明，为维护社会稳定，某某公司在该项目质保金中拿出 41 万元，由区援助中心组织现场发放农民工工资。

2012 年 11 月 23 日，37 名农民工早早就来到区法律援助中心，在中心工作人员精心组织和安排下，农民工逐一进入援助中心办公室，在中心工作人员的监督下，37 名农民工领到了自己期盼已久的“血汗钱”，三个小时后，所有农民工的工资全部发放到位。当拿到拖欠的工资后，农民工代表含着热泪紧紧握住援助人员的双手，说：“此次讨薪本来不抱太大希望，没想到在法律援助中心的帮助下 10 天就圆满地解决了。”

专家解析：

“黑心老板”拖欠农民工工资已然成为影响社会稳定和经济发展的重大因素，但讨薪之路却仍然是异常艰难。区法律援助中心在此次拖欠农民工工资的群体事件中,坚持维权与维稳同行,以减少案件维权成本,提高案件调处成功率为宗旨,在受理案件后,先后指派了四位律师进行点对点的法律援助,并将诉讼和调解工作有机结合,组织了三次集中协调,最终妥善处理好了这起群体性欠薪案件,有效地维护了社会稳定。

这起农民工集体讨薪案件的圆满解决,不仅使当地政府解决类似群体信访案件积累了经验,也为他们反观法律援助中存在的问题,有效提高法律援助服务农民工水平方面提供了很好的借鉴。一是应在当地党委政府的领导下,不断健全完善处理突发事件应急处理机制,切实强化对建筑行业涉及农民工工资发放的监管,厘清责任,超前监管,不留隐患;二是加强法律援助维护农民工合法权益的常规性法律宣传,提高法律援助工作在农民工这类特殊群体中的知晓率,积极引导其依法维权,依法解决劳资纠纷。此案件还提醒我们要切实加强矛盾纠纷排查预警机制建设,发挥法律援助与人民调解联调联动的作用,使民间纠纷和上访事件妥善解决在萌芽状态,维护和促进基层社会和谐稳定。

4.援助志愿者能管牛被扣押的案子吗?

案例:

2007 年 6 月 7 日,红山村村民王某到市人民政府上访,说是自己家的黄牛被人扣住了,镇里和派出所都不管,他只好来找市长了。市政府信访局将此案转到市司法局，司法局领导立即将此案交给法律援助中心承办。

王某来到法律援助中心，中心工作人员对王某的经济情况进行了审查，又听取了案情，认为王某符合法律援助条件，当场决定受理。工作人员根据案情，认为此案最好调解解决，所以立即与王某所在镇的法律援助志愿者取得了联系，指派法律援助志愿者承办此案。中心工作人员请王某回村等待，法律援助志愿者会上门服务。

第二天一大早，镇法律援助志愿者来到红山村，向王某详细了解了事情发生的经过。

原来在2007年6月4日下午，王某家的11头牛全部走失，他找了一夜没找到，第二天就请亲属、朋友、邻居帮忙寻找。中午，一个朋友告诉他，在红海村有一帮牛被陈某给扣下了，正好11头，有可能是他家的。他来到陈某家一看，正是自己家走失的11头牛。陈某说，王某的牛走进他家的地里吃了一些黄豆，让王某赔偿。王某就跟陈某协商，同意给一些赔偿把牛牵回，但陈某坚持每头牛要交200元才肯放牛，要不然就不给，说愿到哪告就到哪告去。王某是红山村的特困户，今年春天自己刚从民政部门贷了扶贫资金，又借了些钱才买了这11头牛，现在全家唯一的资产就是这11头牛。看着自己的黄牛被陈某扣住不给，咋也谈不拢，心里又着急又上火。他找到派出所，想让民警给他要回牛，可派出所的民警说，这是民事纠纷，不是刑事案件，不归公安机关管，不能介入。气得他只好回到村里，和儿子商量说反正没有人管，他和儿子准备去拼命也要把牛给抢回来，反正不能便宜陈某这小子！这时邻居给他出主意说，让他去找市长，没想到能得到法律援助。

听完王某的讲述后，志愿者告诉他，他家的牛吃了陈某家地里的一些庄稼，给对方造成了一定的损失，他作为牛的主人应按照《中华人民共和国民法通则》第一百二十七条关于“饲养的动物造成他人损害的，动物饲养人或者管理人应当承担民事责任”的规定，按实际损失给陈某赔偿。如果实在调解不成，可以通过法律程序要回牛，千万不要因一时冲动去动武，经过耐心细致地做工作，王某认识到自己想动武是错误的，同意先进行调解解决。

志愿者又带着王某来到红海村。志愿者先找到陈某，首先说明他家受到损失要求赔偿是正当的，同时指出私自扣押对方的牛是违法的，因这11头牛是王某的个人财产，任何人无权扣押，《中华人民共和国民法通则》第七十五条规定“公民的个人财产，包括公民的合法收入、房屋、储蓄、生活用品、文物、图书资料、林木、牲畜和法律允许公民所有的生活资料以及其他合法财产。”“公民的合法财产受法律保护，禁止任何组织或者个人侵占、哄抢、破坏或者非法查封、扣押、冻结、没收。”志愿者进一步明确指出，根据这一法律规定，私自扣押王某的牛是违法的，王某的牛吃了陈某家地里的豆苗，他让王某赔偿是对的，如果双方协商不成可以通过诉讼程序解决，但是陈某无权扣牛。这时，围观的村民也在七嘴八舌地讨论着。陈某听了承办律师的法律宣传和教育，认识到自己做事的鲁莽，同意进行调解。

经过志愿者的耐心说服教育，志愿者又陪着王某和陈某到黄牛进过的黄豆地查看了实际损失，大家都是当地人，都能算出实际损失。三方共同重新评估了损失的价值，并在互谅互让的基础上达成了协议：王某赔偿陈某400元经济损失，陈某立即将扣押的11头牛还给王某。双方当场签订了和解协议书。

专家解析：

为了弥补法律援助机构人力资源不足，司法部和共青团中央共同实施了法律援助志愿者服务计划。并且下发了《中国法律援助志愿者注册管理办法》,根据此管理办法,县和县级以上法律援助志愿者组织或法律援助机构为法律援助志愿者的注册机构，负责按照国家法律规定和服务对象的实际需要,招募专业法律人才作为法律援助志愿者,并负责法律援助志愿者注册管理工作和培训工作。法律援助志愿者在各级司法行政机关所属的法律援助机构组织下为符合援助条件的当事人提供专业法律援助服务。法律援助志愿者们秉承“奉献、友爱、互助、进步”的志愿精神,在协助法律援助机构维护困难当事人合法权益、维护社会稳定方面做出了积极贡献。

本案是一起典型的侵犯个人财产权案,这类案件在农村时有发生,如不及时化解就有可能转化为刑事案件。如派法律援助律师从市里去调解,浪费了时间、金钱以及有限的法律援助资源,而在镇上工作的法律援助志愿者离案发地非常近，并且志愿者熟悉农村工作及案件当事人,能及时地成功调解这起案件,维护了受援人的合法权益。另外此案是在红海村村头进行的调解,许多村民都参与其中,起到了非常好的以案说法的宣传效果,村民们受到一次实实在在的法制教育。使当地村民既知道了法律援助,又提高了当地村民的法制观念,增强了他们依法维权的意识。

5.援助工作站可以调解蜜蜂蜇人案吗?

案例:

家住靠山镇靠山村李某夫妇,多年来,走南闯北,在全国各地放养蜜蜂，并以出售蜂蜜为生。今年，他却没有外出放蜂，而是将近百箱蜜蜂放在自己家院里饲养。夏季到了，由于当地蜜源植物不多，数万只蜜蜂满村飞舞，有的飞进居民屋里，甚至还会攻击人，给村民的正常生活带来极大袭扰。

一天，孙某母女来到靠山镇法律援助工作站，向工作人员出示了一份有十几个村民签名的“关于蜜蜂蜇人的证明”，并出示了一份医院诊断书。孙某母女希望通过求助法律援助工作站，让李某夫妇将蜜蜂挪走并赔偿女儿被蜇伤的医疗费。此前，母女俩找过村委会，人家却说因为没有哪条规定不让人在自己家院里养蜜蜂而无可奈何，女儿被蜇伤后又找过居委会，李某夫妇却说：“怎么证明是我们家的蜜蜂蜇的？”母女俩只好前来求助。

针对孙某母女的这种情况，法律援助工作站的负责人，先是派出工作人员到靠山村进行实地了解。办案人员为来到李某家门口，见墙上有粉笔写着“出售蜂蜜”的字样，进入院内，见五十多平方米的院子里堆放着上百个蜂箱，蜂箱外飞舞着大群蜜蜂。这些蜜蜂分布在附近的田地里、树木上、花草上，有的还在附近的村民家中飞舞。办案人员手持相机，将现场的情况一一拍摄下来。办案人员还详细地向村里及附近村屯的人了解，得知这附近几个村，只有李某家养蜂，据此，办案人员让村委会开具了证明。

回到法律援助工作站，办案人员向负责人汇报了具体情况，并向县法律援助中心律师进行了汇报和咨询。得到法律援助中心的许可后，决定先行调解，调解不成再以排除妨碍和人身损害赔偿为由起诉李某。

第二天，办案人员在靠山村将李某和孙某母女找到一起，向双方讲明了此行的目的，李某夫妇承认饲养了蜜蜂，同时表示将会把蜂箱挪走，但不同意赔偿治疗费用，理由是原告不能证明所受蜇伤是被告所养蜜蜂造成的。

办案人员引用相关法律进行反驳：饲养动物伤人产生的纠纷，应由饲养者承担举证责任，并且依据已知事实可以推断的事实是无需举证的。在蜜源植物不充足的地方，以不合饲养常规的方式饲养大量蜜蜂，很有可能对其他村民造成伤害。在这种情况下，附近村民被蜜蜂蜇伤，如果养殖者无法证明此伤害与自己所养蜜蜂无关，则可以推断为此伤害属养殖者所养蜜蜂所致，应当由养殖者承担赔偿责任。同时，办案人员还将村民联名信、养蜂院内照片、村委会证明、医疗费等证据内容向李某讲明。并说，如李某不同意调解，则将向法院起诉，这些证据也会提交到法院，届时，李某不但要赔偿损失，还要承担诉讼费、交通费等费用。

在证据面前，李某夫妇同时低下了头，表示愿意赔偿孙某母女的损失，并尽快挪走蜂箱。办案人员当即制作了调解书，并让双方签字。李某当场支付了238元的医药费，并确定了挪走蜂箱的具体日期。

至此，这起双方争执事端因饲养蜜蜂而起、赔偿数额只有200余元的诉讼，在镇法律援助工作站的介入下得以圆满解决。

专家解析：

近年来，全国各地推动法律援助工作网络进一步向基层延伸，法律援助工作站点建设不断得到加强，基本形成了横向到边、纵向到底、全覆盖的法律援助工作网络，一小时法律援助服务圈、半小时法律服务圈，甚至十分钟法律援助工作圈纷纷涌现，法律援助工作真正实现了和老百姓的零距离接触。

为了延伸服务、便捷利民，努力实现应援尽援，切实维护受援对象的合法权益，各乡镇都成立了法律援助工作站，工作站的工作人员由各司法所人员兼任，办公地点设在各司法所，法律援助工作站站长由各司法所所长担任。各乡镇还在所辖行政村、社区设立法律援助联络点，明确联络员。各法律援助联络点对符合法律援助的案件要及时引导当事人向法律援助工作站提出援助申请，也可以直接向县法律援助中心提出援助申请。法律援助工作站对申请人的法律援助申请应及时上报县(市)法律援助中心审批、指派。法律援助工作站、联络点无权审批、指派法律援助案件，也不得以法律援助工作站、联络点的名义直接承办法律援助案件，不得以任何名义承揽和进行其他有偿服务。

附录:

中华人民共和国法律援助条例

第一章 总 则

第一条 为了保障经济困难的公民获得必要的法律服务,促进和规范法律援助工作,制定本条例。

第二条 符合本条例规定的公民,可以依照本条例获得法律咨询、代理、刑事辩护等无偿法律服务。

第三条 法律援助是政府的责任,县级以上人民政府应当采取积极措施推动法律援助工作,为法律援助提供财政支持,保障法律援助事业与经济、社会协调发展。法律援助经费应当专款专用,接受财政、审计部门的监督。

第四条 国务院司法行政部门监督管理全国的法律援助工作。县级以上地方各级人民政府司法行政部门监督管理本行政区域的法律援助工作。

中华全国律师协会和地方律师协会应当按照律师协会章程对依据本条例实施的法律援助工作予以协助。

第五条 直辖市、设区的市或者县级人民政府司法行政部门根据需要确定本行政区域的法律援助机构。

法律援助机构负责受理、审查法律援助申请，指派或者安排人员为符合本条例规定的公民提供法律援助。

第六条 律师应当依照律师法和本条例的规定履行法律援助义务，为受援人提供符合标准的法律服务，依法维护受援人的合法权益，接受律师协会和司法行政部门的监督。

第七条 国家鼓励社会对法律援助活动提供捐助。

第八条 国家支持和鼓励社会团体、事业单位等社会组织利用自身资源为经济困难的公民提供法律援助。

第九条 对在法律援助工作中作出突出贡献的组织和个人，有关的人民政府、司法行政部门应当给予表彰、奖励。

第二章　法律援助范围

第十条 公民对下列需要代理的事项，因经济困难没有委托代理人的，可以向法律援助机构申请法律援助：(一) 依法请求国家赔偿的；(二)请求给予社会保险待遇或者最低生活保障待遇的；(三)请求发给抚恤金、救济金的；(四)请求给付赡养费、抚养费、扶养费的；(五)请求支付劳动报酬的；(六)主张因见义勇为行为产生的民事权益的。

省、自治区、直辖市人民政府可以对前款规定以外的法律援助事项作出补充规定。

公民可以就本条第一款、第二款规定的事项向法律援助机构申请法律咨询。

第十一条 刑事诉讼中有下列情形之一的，公民可以向法律援助机构申请法律援助：（一）犯罪嫌疑人在被侦查机关第一次讯问后或者采取强制措施之日起，因经济困难没有聘请律师的；（二）公诉案件中的被害人及其法定代理人或者近亲属，自案件移送审查起诉之日起，因经济困难没有委托诉讼代理人的；（三）自诉案件的自诉人及其法定代理人，自案件被人民法院受理之日起，因经济困难没有委托诉讼代理人的。

第十二条 公诉人出庭公诉的案件，被告人因经济困难或者其他原因没有委托辩护人，人民法院为被告人指定辩护时，法律援助机构应当提供法律援助。

被告人是盲、聋、哑人或者未成年人而没有委托辩护人的，或者被告人可能被判处死刑而没有委托辩护人的，人民法院为被告人指定辩护时，法律援助机构应当提供法律援助，无须对被告人进行经济状况的审查。

第十三条 本条例所称公民经济困难的标准，由省、自治区、直辖市人民政府根据本行政区域经济发展状况和法律援助事业的需要规定。

申请人住所地的经济困难标准与受理申请的法律援助机构所在地的经济困难标准不一致的，按照受理申请的法律援助机构所在地的经济困难标准执行。

第三章 法律援助申请和审查

第十四条 公民就本条例第十条所列事项申请法律援助，应当按照下列规定提出：（一）请求国家赔偿的，向赔偿义务机关所在地的法律援助机构提出申请；（二）请求给予社会保险待遇、最低生活保障待遇或者请求发给抚恤金、救济金的，向提供社会保险待遇、最低生活保障待遇或者发给抚恤金、救济金的义务机关所在地的法律援助机构提出申请；(三)请求给付赡养费、抚养费、扶养费的，向给付赡养费、抚养费、扶养费的义务人住所地的法律援助机构提出申请；(四) 请求支付劳动报酬的，向支付劳动报酬的义务人住所地的法律援助机构提出申请；(五)主张因见义勇为行为产生的民事权益的，向被请求人住所地的法律援助机构提出申请。

第十五条 本条例第十一条所列人员申请法律援助的，应当向审理案件的人民法院所在地的法律援助机构提出申请。

被羁押的犯罪嫌疑人的申请由看守所在 24 小时内转交法律援助机构，申请法律援助所需提交的有关证件、证明材料由看守所通知申请人的法定代理人或者近亲属协助提供。

第十六条 申请人为无民事行为能力人或者限制民事行为能力人的，由其法定代理人代为提出申请。

无民事行为能力人或者限制民事行为能力人与其法定代理人之间发生诉讼或者因其他利益纠纷需要法律援助的，由与该争议事项无利害关系的其他法定代理人代为提出申请。

第十七条 公民申请代理、刑事辩护的法律援助应当提交下列证件、证明材料：(一)身份证或者其他有效的身份证明，代理申请人还应当提交有代理权的证明；(二)经济困难的证明；(三)与所申请法律援助事项有关的案件材料。

申请应当采用书面形式，填写申请表；以书面形式提出申请确有困难的，可以口头申请，由法律援助机构工作人员或者代为转交申请的有关机构工作人员作书面记录。

第十八条 法律援助机构收到法律援助申请后，应当进行审查;认为申请人提交的证件、证明材料不齐全的,可以要求申请人作出必要的补充或者说明,申请人未按要求作出补充或者说明的,视为撤销申请;认为申请人提交的证件、证明材料需要查证的,由法律援助机构向有关机关、单位查证。

对符合法律援助条件的，法律援助机构应当及时决定提供法律援助;对不符合法律援助条件的,应当书面告知申请人理由。

第十九条 申请人对法律援助机构作出的不符合法律援助条件的通知有异议的,可以向确定该法律援助机构的司法行政部门提出,司法行政部门应当在收到异议之日起 5 个工作日内进行审查，经审查认为申请人符合法律援助条件的，应当以书面形式责令法律援助机构及时对该申请人提供法律援助。

第四章　法律援助实施

第二十条 由人民法院指定辩护的案件，人民法院在开庭 10 日前将指定辩护通知书和起诉书副本或者判决书副本送交其所在地的法律援助机构;人民法院不在其所在地审判的,可以将指定辩护通知书和起诉书副本或者判决书副本送交审判地的法律援助机构。

第二十一条 法律援助机构可以指派律师事务所安排律师或者安排本机构的工作人员办理法律援助案件；也可以根据其他社会组织的要求，安排其所属人员办理法律援助案件。对人民法院指定辩护的案件，法律援助机构应当在开庭 3 日前将确定的承办人员名单回复作出指定的人民法院。

第二十二条 办理法律援助案件的人员,应当遵守职业道德和执业纪律,提供法律援助不得收取任何财物。

第二十三条 办理法律援助案件的人员遇有下列情形之一的,应当向法律援助机构报告,法律援助机构经审查核实的,应当终止该项法律援助:(一) 受援人的经济收入状况发生变化, 不再符合法律援助条件的;(二)案件终止审理或者已被撤销的;(三)受援人又自行委托律师或者其他代理人的;(四)受援人要求终止法律援助的。

第二十四条 受指派办理法律援助案件的律师或者接受安排办理法律援助案件的社会组织人员在案件结案时, 应当向法律援助机构提交有关的法律文书副本或者复印件以及结案报告等材料。

法律援助机构收到前款规定的结案材料后, 应当向受指派办理法律援助案件的律师或者接受安排办理法律援助案件的社会组织人员支付法律援助办案补贴。

法律援助办案补贴的标准由省、自治区、直辖市人民政府司法行政部门会同同级财政部门,根据当地经济发展水平,参考法律援助机构办理各类法律援助案件的平均成本等因素核定,并可以根据需要调整。

第二十五条 法律援助机构对公民申请的法律咨询服务,应当即时办理;复杂疑难的,可以预约择时办理。

第五章 法律责任

第二十六条 法律援助机构及其工作人员有下列情形之一的,对直接负责的主管人员以及其他直接责任人员依法给予纪律处分:(一)为不符合法律援助条件的人员提供法律援助，或者拒绝为符合法律援助条件的人员提供法律援助的；(二)办理法律援助案件收取财物的；(三)从事有偿法律服务的；(四)侵占、私分、挪用法律援助经费的。

办理法律援助案件收取的财物，由司法行政部门责令退还；从事有偿法律服务的违法所得，由司法行政部门予以没收；侵占、私分、挪用法律援助经费的，由司法行政部门责令追回，情节严重，构成犯罪的，依法追究刑事责任。

第二十七条 律师事务所拒绝法律援助机构的指派，不安排本所律师办理法律援助案件的，由司法行政部门给予警告、责令改正；情节严重的，给予 1 个月以上 3 个月以下停业整顿的处罚。

第二十八条 律师有下列情形之一的，由司法行政部门给予警告、责令改正；情节严重的，给予 1 个月以上 3 个月以下停止执业的处罚：(一)无正当理由拒绝接受、擅自终止法律援助案件的；(二)办理法律援助案件收取财物的。

有前款第(二)项违法行为的，由司法行政部门责令退还违法所得的财物，可以并处所收财物价值 1 倍以上 3 倍以下的罚款。

第二十九条 律师办理法律援助案件违反职业道德和执业纪律的，按照律师法的规定予以处罚。

第三十条 司法行政部门工作人员在法律援助的监督管理工作中，有滥用职权、玩忽职守行为的，依法给予行政处分；情节严重，构成犯罪的，依法追究刑事责任。

第六章 附 则

第三十一条 本条例自 2003 年 9 月 1 日起施行。

办理法律援助案件程序规定

第一章 总 则

第一条 为了规范办理法律援助案件,保证法律援助质量,根据《中华人民共和国刑事诉讼法》《法律援助条例》等有关法律、行政法规的规定,制定本规定。

第二条 法律援助机构、律师事务所、基层法律服务所、其他社会组织和法律援助人员办理法律援助案件,适用本规定。

第三条 法律援助机构应当建立健全工作机制,为公民获得法律援助提供便利。

第四条 法律援助人员应当依照法律、法规及本规定,遵守有关法律服务业务规程,为受援人提供优质高效的法律服务。

第五条 法律援助人员应当保守在办理法律援助案件中知悉的国家秘密、商业秘密,不得泄露当事人的隐私。

第六条 法律援助人员办理法律援助案件,应当遵守职业道德和执业纪律,自觉接受监督。

第二章 受 理

第七条 法律援助机构应当公示办公地址、通讯方式等信息,在接待场所和司法行政政府网站上公示法律援助条件、程序、申请材料目录和申请示范文本等。

第八条 公民因经济困难就《法律援助条例》第十条规定的事项申请法律援助的，由义务机关所在地、义务人住所地或者被请求人住所地的法律援助机构依法受理。

《法律援助条例》第十一条规定的公民因经济困难申请刑事法律援助的，由办理案件的人民法院、人民检察院、公安机关所在地的法律援助机构受理。申请人就同一事项向两个以上法律援助机构提出申请的，由最先收到申请的法律援助机构受理。

第九条 公民申请代理、刑事辩护法律援助，应当如实提交下列申请材料：

（一）法律援助申请表。填写申请表确有困难的，由法律援助机构工作人员或者转交申请的机关、单位工作人员代为填写；

（二）身份证或者其他有效的身份证明，申请代理人还应当提交有代理权的证明；

（三）法律援助申请人经济状况证明表；

（四）与所申请法律援助事项有关的案件材料。

法律援助申请人经济状况证明表应当由法律援助地方性法规、规章规定的有权出具经济困难证明的机关、单位加盖公章。无相关规定的，由申请人住所地或者经常居住地的村民委员会、居民委员会或者所在单位加盖公章。

第十条 申请人持有下列证件、证明材料的，无需提交法律援助申请人经济状况证明表：

(一)城市居民最低生活保障证或者农村居民最低生活保障证；

(二)农村特困户救助证；

(三)农村“五保”供养证；

(四)人民法院给予申请人司法救助的决定；

(五)在社会福利机构中由政府出资供养或者由慈善机构出资供养的证明材料；

(六)残疾证及申请人住所地或者经常居住地的村民委员会、居民委员会出具的无固定生活来源的证明材料；

(七)依靠政府或者单位给付抚恤金生活的证明材料；

(八)因自然灾害等原因导致生活出现暂时困难，正在接受政府临时救济的证明材料；

(九)法律、法规及省、自治区、直辖市人民政府规定的能够证明法律援助申请人经济困难的其他证件、证明材料。

第十一条 被羁押的犯罪嫌疑人、被告人、服刑人员，劳动教养人员、强制隔离戒毒人员申请法律援助的，可以通过办理案件的人民法院、人民检察院、公安机关或者所在监狱、看守所、劳动教养管理所、强制隔离戒毒所转交申请。

第十二条 法律援助机构受理法律援助申请后，应当向申请人出具收到申请材料的书面凭证，载明收到申请材料的名称、数量、日期。

第三章 审 查

第十三条 法律援助机构应当自受理申请之日起七个工作日内进行审查，并作出是否给予法律援助的决定；属于本规定第十四条规定情形的，可以适当延长审查期限。

法律援助机构经审查认为申请人提交的申请材料不齐全或者内容不清楚的，应当发出补充材料通知或者要求申请人作出说明。申请人补充材料、作出说明所需的时间不计入审查期限。申请人未按要求补充材料或者作出说明的，视为撤销申请。

第十四条 法律援助机构认为申请人提交的申请材料需要查证的，应当向有关机关、单位调查核实。

受理申请的法律援助机构需要请求异地法律援助机构协助查证的，按照本规定第二十八条的规定办理。

第十五条 法律援助机构经审查，对于有下列情形之一的，应当认定申请人经济困难：

（一）申请人及与其共同生活的家庭成员的人均收入符合法律援助地方性法规或者省、自治区、直辖市人民政府规定的经济困难标准的；

（二）申请事项的对方当事人是与申请人共同生活的家庭成员，申请人的个人收入符合法律援助地方性法规或者省、自治区、直辖市人民政府规定的经济困难标准的；

（三）申请人持本规定第十条规定的证件、证明材料申请法律援助，法律援助机构经审查认为真实有效的。

第十六条 法律援助机构经审查，对符合法律援助条件的，应当决定给予法律援助，并制作给予法律援助决定书；对不符合法律援助条件的，应当决定不予法律援助，并制作不予法律援助决定书。

不予法律援助决定书应当载明不予法律援助的理由及申请人提出异议的权利。

第十七条 给予法律援助决定书和不予法律援助决定书应当发送申请人;属于本规定第十一条规定情形的,法律援助机构还应当同时函告有关人民法院、人民检察院、公安机关及监狱、看守所、劳动教养管理所、强制隔离戒毒所。

第十八条 申请事项符合《法律援助条例》第十条、第十一条规定,且具有下列情形之一的,法律援助机构可以决定先行提供法律援助:

(一)距法定时效届满不足7日,需要及时提起诉讼或者申请仲裁、行政复议的;

(二)需要立即申请财产保全、证据保全或者先予执行的;

(三)其他紧急或者特殊情况。

先行提供法律援助的,受援人应当在法律援助机构确定的期限内补交规定的申请材料。法律援助机构经审查认为受援人不符合经济困难标准的,应当终止法律援助,并按照本规定第三十三条第二款的规定办理。

第十九条 申请人对法律援助机构不予法律援助的决定有异议的,可以向主管该法律援助机构的司法行政机关提出。

司法行政机关经审查认为申请人符合法律援助条件的,应当以书面形式责令法律援助机构及时对该申请人提供法律援助,同时书面告知申请人;认为申请人不符合法律援助条件的,应当维持法律援助机构不予法律援助的决定,书面告知申请人并说明理由。

第四章 承 办

第二十条 对于民事、行政法律援助案件,法律援助机构应当自作出给予法律援助决定之日起7个工作日内指派律师事务所、基层法律服务所、其他社会组织安排其所属人员承办，或者安排本机构的工作人员承办。

对于刑事法律援助案件，法律援助机构应当自作出给予法律援助决定或者收到指定辩护通知书之日起3个工作日内指派律师事务所安排律师承办，或者安排本机构的法律援助律师承办。

第二十一条 法律援助机构应当根据本机构、律师事务所、基层法律服务所、其他社会组织的人员数量、资质、专业特长、承办法律援助案件的情况、受援人意愿等因素合理指派或者安排承办机构、人员。

法律援助机构、律师事务所应当指派或者安排具有一定年限刑事辩护执业经历的律师担任死刑案件的辩护人。

第二十二条 法律援助机构、律师事务所、基层法律服务所或者其他社会组织应当自指派或者安排法律援助人员之日起5个工作日内将法律援助人员姓名和联系方式告知受援人，并与受援人或者其法定代理人、近亲属签订委托代理协议，但因受援人的原因无法按时签订的除外。

第二十三条 法律援助人员应当在受委托的权限内，通过和解、调解、申请仲裁和提起诉讼等方式依法最大限度维护受援人合法权益。

法律援助人员代理受援人以和解或者调解方式解决纠纷的，应当征得受援人同意。

第二十四条 法律援助机构对公民申请的法律咨询服务，应当即时解答；复杂疑难的，可以与申请人预约择时办理。在解答法律咨询过程中，认为申请人可能符合代理或者刑事辩护法律援助条件的，应当告知其可以依法提出申请。

第二十五条 对于民事诉讼法律援助案件,法律援助人员应当告知受援人可以向人民法院申请司法救助,并提供协助。

第二十六条 法律援助人员会见受援人,应当制作会见笔录。会见笔录应当经受援人确认无误后签名或者按指印;受援人无阅读能力的,法律援助人员应当向受援人宣读笔录,并在笔录上载明。

对于指定辩护的案件,法律援助人员应当在首次会见犯罪嫌疑人、被告人时,询问是否同意为其辩护,并记录在案。犯罪嫌疑人、被告人不同意的,应当书面告知人民法院、人民检察院、公安机关和法律援助机构。

第二十七条 法律援助人员承办案件,应当根据需要依法进行调查取证,并可以根据需要请求法律援助机构出具必要的证明文件或者与有关机关、单位进行协调。

第二十八条 法律援助人员认为需要异地调查取证的,可以向作出指派或者安排的法律援助机构报告。作出指派或者安排的法律援助机构可以请求调查取证事项所在地的法律援助机构协作。

法律援助机构请求协作的,应当向被请求的法律援助机构发出协作函件,说明案件基本情况、需要调查取证的事项、办理时限等。被请求的法律援助机构应当予以协作。因客观原因无法协作的,应当向请求协作的法律援助机构书面说明理由。

第二十九条 对于人民法院开庭审理的刑事案件,法律援助人员应当做好开庭前准备;庭审中充分陈述、质证;庭审结束后,法律援助人员应当向人民法院提交刑事辩护或者代理书面意见。对于人民法院决定不开庭审理的指定辩护案件，法律援助人员应当自收到法律援助机构指派函之日起 10 日内向人民法院提交刑事辩护书面意见。对于其他不开庭审理的刑事案件，法律援助人员应当按照人民法院规定的期限提交刑事辩护或者代理书面意见。

第三十条 法律援助人员应当向受援人通报案件办理情况，答复受援人询问，并制作通报情况记录。

第三十一条 法律援助人员应当按照法律援助机构要求报告案件承办情况。

法律援助案件有下列情形之一的，法律援助人员应当向法律援助机构报告：

（一）主要证据认定、适用法律等方面有重大疑义的；

（二）涉及群体性事件的；

（三）有重大社会影响的；

（四）其他复杂、疑难情形。

第三十二条 受援人有证据证明法律援助人员不依法履行义务的，可以请求法律援助机构更换法律援助人员。

法律援助机构应当自受援人申请更换之日起 5 个工作日内决定是否更换。决定更换的，应当另行指派或者安排人员承办。对犯罪嫌疑人、被告人具有应当指定辩护的情形，人民法院、人民检察院、公安机关决定为其另行指定辩护人的，法律援助机构应当另行指派或者安排人员承办。

更换法律援助人员的，原法律援助人员所属单位应当与受援人解除或者变更委托代理协议，原法律援助人员应当与更换后的法律援助人员办理案件材料移交手续。

第三十三条 有下列情形之一的，应当终止法律援助：

（一）受援人不再符合法律援助经济困难标准的；

（二）案件依法终止审理或者被撤销的；

（三）受援人自行委托其他代理人或者辩护人的；

（四）受援人要求终止法律援助的；

（五）受援人利用法律援助从事违法活动的；

（六）受援人故意隐瞒与案件有关的重要事实或者提供虚假证据的；

（七）法律、法规规定应当终止的其他情形。

有上述情形的，法律援助人员应当向法律援助机构报告。法律援助机构经审查核实，决定终止法律援助的，应当制作终止法律援助决定书，并发送受援人，同时函告法律援助人员所属单位和有关机关、单位。法律援助人员所属单位应当与受援人解除委托代理协议。

受援人对法律援助机构终止法律援助的决定有异议的，按照本规定第十九条的规定办理。

第三十四条 法律援助人员应当自法律援助案件结案之日起30日内向法律援助机构提交立卷材料。

诉讼案件以法律援助人员收到判决书、裁定书、调解书之日为结案日。仲裁案件或者行政复议案件以法律援助人员收到仲裁裁决书、行政复议决定书原件或者复印件之日为结案日；其他非诉讼法律事务以受援人与对方当事人达成和解、调解协议之日为结案日；无相关文书的，以义务人开始履行义务之日为结案日。法律援助机构终止法律援助的，以法律援助人员所属单位收到终止法律援助决定函之日为结案日。

第三十五条 法律援助机构应当自收到法律援助人员提交的立卷材料之日起30日内进行审查。对于立卷材料齐全的,应当按照规定通过法律援助人员所属单位向其支付办案补贴。

第三十六条 作出指派的法律援助机构应当对法律援助人员提交的立卷材料及受理、审查、指派等材料进行整理,一案一卷,统一归档管理。

第五章 附 则

第三十七条 法律援助机构、律师事务所、基层法律服务所和法律援助人员从事法律援助活动违反本规定的,依照《中华人民共和国律师法》、《法律援助条例》、《律师和律师事务所违法行为处罚办法》等法律、法规和规章的规定追究法律责任。

第三十八条 法律援助文书格式由司法部制定。

第三十九条 本规定自2012年7月1日起施行。

关于民事诉讼法律援助工作的规定

第一条 为加强和规范民事诉讼法律援助工作，根据《中华人民共和国民事诉讼法》、《中华人民共和国律师法》、《法律援助条例》、《最高人民法院关于对经济确有困难的当事人提供司法救助的规定》(以下简称《司法救助规定》)，以及其他相关规定，结合法律援助工作实际，制定本规定。

第二条 公民就《法律援助条例》第十条规定的民事权益事项要求诉讼代理的，可以按照《法律援助条例》第十四条的规定向有关法律援助机构申请法律援助。

第三条 公民经济困难的标准，按案件受理地所在的省、自治区、直辖市人民政府的规定执行。

第四条 法律援助机构受理法律援助申请后，应当依照有关规定及时审查并作出决定。对符合法律援助条件的，决定提供法律援助，并告知该当事人可以向有管辖权的人民法院申请司法救助。对不符合法律援助条件的，作出不予援助的决定。

第五条 申请人对法律援助机构不予援助的决定有异议的，可以向确定该法律援助机构的司法行政部门提出。司法行政部门应当在收到异议之日起五个工作日内进行审查，经审查认为申请人符合法律援助条件的，应当以书面形式责令法律援助机构及时对该申请人提供法律援助，同时通知申请人。认为申请人不符合法律援助条件的,应当维持法律援助机构不予援助的决定,并将维持决定的理由书面告知申请人。

第六条 当事人依据《司法救助规定》的有关规定先行向人民法院申请司法救助获准的,人民法院可以告知其可以按照《法律援助条例》的规定,向法律援助机构申请法律援助。

第七条 当事人以人民法院给予司法救助的决定为依据，向法律援助机构申请法律援助的,法律援助机构对符合《法律援助条例》第十条规定情形的,不再审查其是否符合经济困难标准,应当直接做出给予法律援助的决定。

第八条 当事人以法律援助机构给予法律援助的决定为依据,向人民法院申请司法救助的，人民法院不再审查其是否符合经济困难标准,应当直接做出给予司法救助的决定。

第九条 人民法院依据法律援助机构给予法律援助的决定,准许受援的当事人司法救助的请求的,应当根据《司法救助规定》第五条的规定,先行对当事人作出缓交诉讼费用的决定,待案件审结后再根据案件的具体情况,按照《司法救助规定》第六条的规定决定诉讼费用的负担。

第十条 人民法院应当支持法律援助机构指派或者安排的承办法律援助案件的人员在民事诉讼中实施法律援助,在查阅、摘抄、复制案件材料等方面提供便利条件，对承办法律援助案件的人员复制必要的相关材料的费用应当予以免收或者减收，减收的标准按复制材料所必须的工本费用计算。

第十一条 法律援助案件的受援人依照民事诉讼法的规定申请先予执行,人民法院裁定先予执行的,可以不要求受援人提供相应的担保。

第十二条 实施法律援助的民事诉讼案件出现《法律援助条例》第二十三条规定的终止法律援助或者《司法救助规定》第九条规定的撤销司法救助的情形时,法律援助机构、人民法院均应当在作出终止法律援助决定或者撤销司法救助决定的当日函告对方,对方相应作出撤销决定或者终止决定。

第十三条 承办法律援助案件的人员在办案过程中应当尽职尽责,恪守职业道德和执业纪律。

法律援助机构应当对承办法律援助案件的人员的法律援助活动进行业务指导和监督,保证法律援助案件质量。

人民法院在办案过程中发现承办法律援助案件的人员违反职业道德和执业纪律,损害受援人利益的,应当及时向作出指派的法律援助机构通报有关情况。

第十四条 人民法院应当在判决书、裁定书中写明做出指派的法律援助机构、承办法律援助案件的人员及其所在的执业机构。

第十五条 本规定自2005年12月1日起施行。最高人民法院、司法部于1999年4月12日下发的《关于民事法律援助工作若干问题的联合通知》与本规定有抵触的,以本规定为准。

关于刑事诉讼法律援助工作的规定

第一条 为加强和规范刑事诉讼法律援助工作，根据《中华人民共和国刑事诉讼法》、《中华人民共和国律师法》、《法律援助条例》以及其他相关规定，结合法律援助工作实际，制定本规定。

第二条 犯罪嫌疑人、被告人因经济困难没有委托辩护人的，本人及其近亲属可以向办理案件的公安机关、人民检察院、人民法院所在地同级司法行政机关所属法律援助机构申请法律援助。

具有下列情形之一，犯罪嫌疑人、被告人没有委托辩护人的，可以依照前款规定申请法律援助：

（一）有证据证明犯罪嫌疑人、被告人属于一级或者二级智力残疾的；

（二）共同犯罪案件中，其他犯罪嫌疑人、被告人已委托辩护人的；

（三）人民检察院抗诉的；

（四）案件具有重大社会影响的。

第三条 公诉案件中的被害人及其法定代理人或者近亲属，自诉案件中的自诉人及其法定代理人，因经济困难没有委托诉讼代理人的，可以向办理案件的人民检察院、人民法院所在地同级司法行政机关所属法律援助机构申请法律援助。

第四条 公民经济困难的标准，按案件受理地所在的省、自治区、直辖市人民政府的规定执行。

第五条 公安机关、人民检察院在第一次讯问犯罪嫌疑人或者采取强制措施的时候,应当告知犯罪嫌疑人有权委托辩护人,并告知其如果符合本规定第二条规定，本人及其近亲属可以向法律援助机构申请法律援助。

人民检察院自收到移送审查起诉的案件材料之日起 3 日内，应当告知犯罪嫌疑人有权委托辩护人，并告知其如果符合本规定第二条规定,本人及其近亲属可以向法律援助机构申请法律援助;应当告知被害人及其法定代理人或者近亲属有权委托诉讼代理人，并告知其如果经济困难,可以向法律援助机构申请法律援助。

人民法院自受理案件之日起 3 日内，应当告知被告人有权委托辩护人,并告知其如果符合本规定第二条规定,本人及其近亲属可以向法律援助机构申请法律援助；应当告知自诉人及其法定代理人有权委托诉讼代理人,并告知其如果经济困难,可以向法律援助机构申请法律援助。人民法院决定再审的案件,应当自决定再审之日起 3 日内履行相关告知职责。

犯罪嫌疑人、被告人具有本规定第九条规定情形的,公安机关、人民检察院、人民法院应当告知其如果不委托辩护人,将依法通知法律援助机构指派律师为其提供辩护。

第六条 告知可以采取口头或者书面方式,告知的内容应当易于被告知人理解。口头告知的,应当制作笔录,由被告知人签名;书面告知的，应当将送达回执入卷。对于被告知人当场表达申请法律援助意愿的,应当记录在案。

第七条 被羁押的犯罪嫌疑人、被告人提出法律援助申请的，公安机关、人民检察院、人民法院应当在收到申请24小时内将其申请转交或者告知法律援助机构，并于3日内通知申请人的法定代理人、近亲属或者其委托的其他人员协助向法律援助机构提供有关证件、证明等相关材料。犯罪嫌疑人、被告人的法定代理人或者近亲属无法通知的，应当在转交申请时一并告知法律援助机构。

第八条 法律援助机构收到申请后应当及时进行审查并于7日内作出决定。对符合法律援助条件的，应当决定给予法律援助，并制作给予法律援助决定书；对不符合法律援助条件的，应当决定不予法律援助，制作不予法律援助决定书。给予法律援助决定书和不予法律援助决定书应当及时发送申请人，并函告公安机关、人民检察院、人民法院。

对于犯罪嫌疑人、被告人申请法律援助的案件，法律援助机构可以向公安机关、人民检察院、人民法院了解案件办理过程中掌握的犯罪嫌疑人、被告人是否具有本规定第二条规定情形等情况。

第九条 犯罪嫌疑人、被告人具有下列情形之一没有委托辩护人的，公安机关、人民检察院、人民法院应当自发现该情形之日起3日内，通知所在地同级司法行政机关所属法律援助机构指派律师为其提供辩护：

（一）未成年人；

（二）盲、聋、哑人；

（三）尚未完全丧失辨认或者控制自己行为能力的精神病人；

（四）可能被判处无期徒刑、死刑的人。

第十条 公安机关、人民检察院、人民法院通知辩护的，应当将通知辩护公函和采取强制措施决定书、起诉意见书、起诉书、判决书副本或者复印件送交法律援助机构。

通知辩护公函应当载明犯罪嫌疑人或者被告人的姓名、涉嫌的罪名、羁押场所或者住所、通知辩护的理由、办案机关联系人姓名和联系方式等。

第十一条 人民法院自受理强制医疗申请或者发现被告人符合强制医疗条件之日起3日内，对于被申请人或者被告人没有委托诉讼代理人的，应当向法律援助机构送交通知代理公函，通知其指派律师担任被申请人或被告人的诉讼代理人，为其提供法律帮助。

人民检察院申请强制医疗的，人民法院应当将强制医疗申请书副本一并送交法律援助机构。

通知代理公函应当载明被申请人或者被告人的姓名、法定代理人的姓名和联系方式、办案机关联系人姓名和联系方式。

第十二条 法律援助机构应当自作出给予法律援助决定或者自收到通知辩护公函、通知代理公函之日起3日内，确定承办律师并函告公安机关、人民检察院、人民法院。

法律援助机构出具的法律援助公函应当载明承办律师的姓名、所属单位及联系方式。

第十三条 对于可能被判处无期徒刑、死刑的案件，法律援助机构应当指派具有一定年限刑事辩护执业经历的律师担任辩护人。

对于未成年人案件，应当指派熟悉未成年人身心特点的律师担任辩护人。

第十四条 承办律师接受法律援助机构指派后，应当按照有关规定及时办理委托手续。

承办律师应当在首次会见犯罪嫌疑人、被告人时，询问是否同意为其辩护，并制作笔录。犯罪嫌疑人、被告人不同意的，律师应当书面告知公安机关、人民检察院、人民法院和法律援助机构。

第十五条 对于依申请提供法律援助的案件，犯罪嫌疑人、被告人坚持自己辩护，拒绝法律援助机构指派的律师为其辩护的，法律援助机构应当准许，并作出终止法律援助的决定；对于有正当理由要求更换律师的，法律援助机构应当另行指派律师为其提供辩护。

对于应当通知辩护的案件，犯罪嫌疑人、被告人拒绝法律援助机构指派的律师为其辩护的，公安机关、人民检察院、人民法院应当查明拒绝的原因，有正当理由的，应当准许，同时告知犯罪嫌疑人、被告人需另行委托辩护人。

犯罪嫌疑人、被告人未另行委托辩护人的，公安机关、人民检察院、人民法院应当及时通知法律援助机构另行指派律师为其提供辩护。

第十六条 人民检察院审查批准逮捕时，认为犯罪嫌疑人具有应当通知辩护的情形，公安机关未通知法律援助机构指派律师的，应当通知公安机关予以纠正，公安机关应当将纠正情况通知人民检察院。

第十七条 在案件侦查终结前，承办律师提出要求的，侦查机关应当听取其意见，并记录在案。承办律师提出书面意见的，应当附卷。

第十八条 人民法院决定变更开庭时间的，应当在开庭3日前通知承办律师。承办律师有正当理由不能按时出庭的，可以申请人民法院延期开庭。人民法院同意延期开庭的，应当及时通知承办律师。

第十九条 人民法院决定不开庭审理的案件，承办律师应当在接到人民法院不开庭通知之日起 10 日内向人民法院提交书面辩护意见。

第二十条 人民检察院、人民法院应当对承办律师复制案卷材料的费用予以免收或者减收。

第二十一条 公安机关在撤销案件或者移送审查起诉后,人民检察院在作出提起公诉、不起诉或者撤销案件决定后,人民法院在终止审理或者作出裁决后,以及公安机关、人民检察院、人民法院将案件移送其他机关办理后，应当在 5 日内将相关法律文书副本或者复印件送达承办律师,或者书面告知承办律师。

公安机关的起诉意见书,人民检察院的起诉书、不起诉决定书,人民法院的判决书、裁定书等法律文书,应当载明作出指派的法律援助机构名称、承办律师姓名以及所属单位等情况。

第二十二条 具有下列情形之一的,法律援助机构应当作出终止法律援助决定,制作终止法律援助决定书发送受援人,并自作出决定之日起 3 日内函告公安机关、人民检察院、人民法院:

(一)受援人的经济收入状况发生变化,不再符合法律援助条件的;

(二)案件终止办理或者已被撤销的;

(三)受援人自行委托辩护人或者代理人的;

(四)受援人要求终止法律援助的,但应当通知辩护的情形除外;

(五)法律、法规规定应当终止的其他情形。

公安机关、人民检察院、人民法院在案件办理过程中发现有前款规定情形的,应当及时函告法律援助机构。

第二十三条 申请人对法律援助机构不予援助的决定有异议的,可以向主管该法律援助机构的司法行政机关提出。司法行政机关应当在收到异议之日起5个工作日内进行审查，经审查认为申请人符合法律援助条件的，应当以书面形式责令法律援助机构及时对该申请人提供法律援助，同时通知申请人；认为申请人不符合法律援助条件的，应当维持法律援助机构不予援助的决定，并书面告知申请人。

受援人对法律援助机构终止法律援助的决定有异议的，按照前款规定办理。

第二十四条 犯罪嫌疑人、被告人及其近亲属、法定代理人，强制医疗案件中的被申请人、被告人的法定代理人认为公安机关、人民检察院、人民法院应当告知其可以向法律援助机构申请法律援助而没有告知，或者应当通知法律援助机构指派律师为其提供辩护或者诉讼代理而没有通知的，有权向同级或者上一级人民检察院申诉或者控告。人民检察院应当对申诉或者控告及时进行审查，情况属实的，通知有关机关予以纠正。

第二十五条 律师应当遵守有关法律法规和法律援助业务规程，做好会见、阅卷、调查取证、解答咨询、参加庭审等工作，依法为受援人提供法律服务。

律师事务所应当对律师办理法律援助案件进行业务指导，督促律师在办案过程中尽职尽责，恪守职业道德和执业纪律。

第二十六条 法律援助机构依法对律师事务所、律师开展法律援助活动进行指导监督，确保办案质量。

司法行政机关和律师协会根据律师事务所、律师履行法律援助义务情况实施奖励和惩戒。

公安机关、人民检察院、人民法院在案件办理过程中发现律师有违法或者违反职业道德和执业纪律行为，损害受援人利益的，应当及时向法律援助机构通报有关情况。

第二十七条 公安机关、人民检察院、人民法院和司法行政机关应当加强协调，建立健全工作机制，做好法律援助咨询、申请转交、组织实施等方面的衔接工作，促进刑事法律援助工作有效开展。

第二十八条 本规定自2013年3月1日起施行。2005年9月28日最高人民法院、最高人民检察院、公安部、司法部下发的《关于刑事诉讼法律援助工作的规定》同时废止。

给予法律援助决定书

编号:(　)援决字[　]第　号

__________________:

你于____年____月____日向本中心提出的法律援助申请，经审查符合法律援助条件，现决定给予法律援助，提供法律援助的方式为__________________。

________法律援助中心(公章)

年　月　日

不予法律援助通知书(1)

编号:(　)援拒字[　]第　号

申请人:________________

案　由:________________　　领函人签字:__________

不予援助理由:____________________　时　间:______年__月__日

____

____

____

不予法律援助通知书(2)

编号:( )援拒字[ ]第 号

________:

你于____年___月___日向本中心提出的______________法律援助申请,经审查,不符合______对法律援助条件的规定,决定不予法律援助。

不予法律援助的理由是______________。

如对本通知有异议,可于收到本通知书之日起60日内申请______________司法局审查。

____法律援助中心(公章)

年 月 日

法律援助协议

编号:(　)援拒字[　]第　号

甲方:

地址:

邮政编码:

电话:

乙方:＿＿＿＿＿＿＿＿法律援助中心

地址:

邮编:

电话:

甲方因＿＿＿＿＿＿＿＿＿＿＿＿＿＿＿＿＿＿＿＿＿＿＿＿＿＿向乙方提出申请,要求乙方为其提供法律援助,现经乙方审查,认为甲方符合《法律援助条例》以及＿＿＿＿市的有关规定的条件,同意为甲方提供法律援助,双方协议如下:

一、乙方接受甲方委托，指派＿＿＿＿＿＿＿＿＿＿律师事务所(基层法律服务所、法律援助志愿者)＿＿＿＿担任甲方一案的＿＿＿＿代理人。

二、乙方应依照法律维护甲方的合法权益,如乙方指派的承办人员因故中途不能执行职务时,乙方另行委派接管。

三、甲方应当真实地向案件承办人员叙述案情事实,提供与本案有关的证据,乙方接受委托后如发现甲方有捏造或隐瞒事实,弄虚作假的行为,有权撤销甲方的受助资格,终止代理。

四、诉讼对方为非法律援助方的,甲方应将乙方办案人员办案所需差旅费、文印费、交通通讯费、调查取证费等办案必要开支列入诉讼请求,此项诉讼请求下获得的款项应归乙方所有,如经人民法院强制执行的,甲方并应申请人民法院将款项直接支付乙方。

五、委托权限包括:

(一)陈述事实,参加辩论和调解。

(二)代为承认、变更、放弃诉讼请求,进行和解。

(三)提起反诉、上诉或代为申请执行的权利。

甲方委托乙方权限为以上第_______项。

六、甲方如遇《法律援助条例》第二十三条所规定之内容,乙方有权终止对甲方提供的法律援助。

七、本协议自签订之日起生效,到本案审终结止(即判决、调解、案外和解或撤销诉讼时止)。

甲方:　　　　　　　　　　乙方(盖章):_______法律援助中心

代表人:　　　　　　　　　主任:

法定代理人:　　　　　　　案件接待人:

年　月　日

法律援助申请人及其家庭经济状况证明

申请人＿＿＿＿＿＿ 性别＿＿＿ 年龄＿＿＿ 民族＿＿＿

工作单位＿＿＿＿＿＿＿＿＿＿＿＿＿＿＿＿＿＿＿＿＿＿＿＿

家庭住址邮政编码＿＿＿＿＿＿＿＿＿＿＿＿＿＿＿＿＿＿＿＿

联系电话＿＿＿＿＿＿＿＿＿＿（如无私人电话，可填写居委会或村委会电话）

申请人及其家庭经济状况如下：

□工作收入（含退休金）每月＿＿＿＿元

□救济金每月＿＿＿＿元

□其他收入每月＿＿＿＿元

□无收入

□申请人家庭人口：＿＿＿＿人

□家庭月平均收入＿＿＿＿元

申请人家庭住房情况：

建筑面积：＿＿＿＿M^2

使用状况：□私产 □承租 □廉租 □其他

另需说明的事项：＿＿＿＿＿＿＿＿＿＿＿＿＿＿＿＿＿＿＿＿＿＿

＿＿＿＿＿＿＿＿＿＿＿＿＿＿＿＿＿＿＿＿＿＿＿＿＿＿＿＿＿＿

申请人家庭成员及经济状况：

姓 名	年龄	与其关系	月收入(元)	职 业	工作单位或就读学校

申请人家庭月平均收入________元

特此证明。

出证单位(公章)

经办人签字：

出证单位联系电话：

年 月 日

法律援助申请表

编号:(　　)援申字[　　]第　　号

说明:1.申请人填写本申请表前须仔细阅读法律援助机构提供的有关资料。

2.申请人应如实填写本人的实际情况。

3.请按照栏目要求使用正楷文字填写,或在适当□内打√。

申请人基本情况:

申请人:________ 性别:____ 民族:____ 出生日期:________

法定代理人(申请人为无民事行为或限制行为能力时填写):

身份证号码:□□□□□□□□□□□□□□□□□□

户籍所在地:________________________________

工作单位:__________________________ 联系电话:

住所地址:__________________________ 邮政编码:

文化程度:□文盲 □小学 □中学 □大专以上

身体状况:□健康 □残疾 □一般疾病 □严重疾病

人群类别(可重复交叉)

□残疾人 □老年人(60岁以上) □未成年人 □妇女 □优抚对象

□农村“五”保户 □低保对象 □农民工 □失业人员 □少数民族

□军人军属 □盲聋哑 □可能被判处死刑的 □其他(请注明)

申请法律援助事项的类别

□刑事案件

□请求国家赔偿 □请求给予最低生活保障待遇或社会保险待遇

□请求发给抚恤金、救济金 □请求给付赡养费、抚养费、扶养费

□请求支付劳动报酬 □主张因见义勇为行为产生的民事权益

□请求给予工伤待遇 □请求因交通事故引起的人身损害赔偿

□主张因家庭暴力行为产生的民事权益

申请人在申请事项中的法律地位

民事诉讼:□原告(上诉人) □被告(被上诉人) □第三人

行政诉讼:□原告(上诉人) □被上诉人 □第三人

劳动仲裁:□申请人 □被申请人

非 诉 讼:□申请人 □被申请人

刑 事:□犯罪嫌疑人 □被害人 □被害人的法定代理人或近亲属

□自诉人 □自诉人的法定代理人 □被告人

申请事项法律状态

□尚未进入法律程序 □侦查 □起诉 □诉讼(□一审 □二审

□审判监督程序) □申诉 □仲裁 □调解 □行政处理 □行政

复议

申请法律援助援助方式

□刑事辩护 □刑事被害人代理 □刑事附带民事诉讼 □自诉代理 □民事诉讼代理 □行政诉讼代理 □非诉讼代理（□劳动仲裁代理 □调解□其他________________）

申请人及家庭经济状况

□职业收入(含退休金)每月______元

□救济金每月______元

□其他收入每月______元

□无收入

□申请人家庭人口:______人

□家庭月平均收入______元

申请人家庭自有房产建筑面积:______平方米

使用状况:□自用 □出租

申请法律援助的案情及理由概述：

____

____

____

以上所填情况均为属实。

申请人(法定代理人)签字：

年 月 日